大夏书系 · 教师专业发展

促进教学的**测验与评价**

赵德成 著

USING ASSESSMENT TO IMPROVE TEACHING AND LEARNING

华东师范大学出版社
ECNUP 全国百佳图书出版单位
上海

目录

推荐序（李希贵） 1

自　序 3

第1章　走近测验与评价 1

　　　教学离不开测验与评价。教师只有在教学中不断通过测验与评价分析学情，诊断学生达成预期目标的程度，才能使教学更有针对性和吸引力，更能有效地促进学生发展。

　　概　览 2
　　初步认识教育评价 3
　　几种经典的教育评价模式 9
　　教学中的测验与评价 16
　　为什么重视测验与评价 25
　　参考文献 30

第2章　如何设计测验与评价 33

测验与评价需要精心设计。教师只有以严谨的态度设计或选编测验，确保测验的准确性和有效性，测验才能为教学提供有价值的信息。

概　　览 34
明确测验与评价的目的 35
编制测验细目表 38
选择评价任务类型 48
设计评价任务 56
汇编测验 63
参考文献 66

第3章　什么样的评价是好的评价 69

好的测验与评价首先要确保其效度，要能测到所欲测的目标学习成果，能依据所收集的信息做出准确而有效的推论。此外，好的评价还需在信度、难度、区分度、公平等方面符合测量学要求。

概　　览 70
效　　度 71
信　　度 81
难度和区分度 90
公　　平 95
参考文献 98

第4章　表现性评价 99

表现性评价克服了传统测验仅能测试低水平知识和孤立技能的弊端，能测量出学生在真实世界中的复杂成就和情意表现。加强表现性评价的应用，是当前我国中高考命题改革的基本方向，也是世界范围内教育评价学科发展的共同趋势。

概　览 100

什么是表现性评价 101

表现性评价的历史性分析 104

好的表现性评价案例 107

表现性评价的优势与不足 112

我国表现性评价实践中的常见问题分析 114

未来进一步推进表现性评价的建议 125

参考文献 129

第5章　成长记录袋 131

成长记录袋是一种新兴的质性评价方式。这种评价方式将评价与教学有机整合起来，能有效考查学生在真实、复杂情境中自主思考、积极建构、分析问题和解决问题的能力。

概　览 132

成长记录袋的定义及特点 133

成长记录袋的优势与不足 135

成长记录袋的创建与使用 140

案例：阅读成长记录袋的创建与使用 145

实践中应用成长记录袋的主要问题 153

成长记录袋的未来发展方向 156

参考文献 160

第6章　情意领域的评价 163

新课程实施以来，情感态度与价值观的发展成为课程目标的重要组成部分，它涉及学习情感、对学科的态度、对自我的态度，以及价值观等关键变量。教师要掌握观察、访谈、里克特量表等多种常用评价方法。

概　览 164
情意领域的目标 165
情意评价的重要意义 172
常用的情意评价方法 175
学习情感评价：一个实例分析 183
情意评价的改进建议 188
参考文献 190

第7章　评价结果报告 191

在发展性评价理念指导下，评价结果报告方式也要推陈出新，与时俱进。好的结果报告要采用定量评价与定性分析相结合的方式，向阅读者描绘学生学习与发展的主要轮廓与关键细节。

概　览 192
学业成绩评定 193
评语写作 200
评价报告单 212
家长会 218
参考文献 224

推荐序

李希贵

（北京十一学校校长，兼任国家督学，中国教育学会副会长）

认识赵德成老师，是缘于本世纪初的第八次课程改革。那时我正在潍坊担任教育局长，听过赵老师一个有关评价改革的报告，如坐春风，耳目一新。自然，我也施加自己的影响力，把赵老师的研究成果运用到全市的教育教学实践之中。

2006年，我到教育部基础教育质量监测中心主持工作。为了确保质量监测工作的科学性，中心高度重视理论研究和技术改进，我们邀请国内外知名专家开展培训，将项目反应理论、概率比例抽样、增值性评价、多水平分析等最新相关技术引入到监测实践中，提高了监测工作的技术水平。但必须承认的是，监测工作仍然面临挑战，最主要的一个挑战在于监测试题编制。新课程强调学生的多元发展，监测内容不能局限于知识与技能，要结合真实生产生活情境设计表现性任务，以有效考查学生的批判性思考能力、问题解决能力与创新精神等核心素养。可是，由于我国教研员对新兴评价方法接触不多，命题经验缺乏，我们面向全国范围征集来的多数题目不能真正联系生产生活情境，评价任务实际上仍然是去情境化的，所考查的仍然是孤立的知识与技能。加强命题研究，切实发挥评价对基础教育课程改革的导向、诊断和发展性功能，是学科教育质量监测工作的突破口。

在学校层面，评价研究的迫切性更是不言而喻。我到十一学校工作以后，为增加课程的多样性和选择性，促进学生的自主学习与个性化发展，在学校全面推进育人模式构建，让每位学生都有一张自己选择的课表。随着改革的持续深入，在我校，师生关系、教师教学方式、学生学习体验都有了很大的变化，学生们学得自主，学得高效。但在选课教育背景下，如何让学生了解自己的学习进展，从而把握自己的学习节奏和调整选课安排？如何贯彻中高考改革新理念，在评价实践中聚焦学生的核心素养？如何评价教师的教学绩效，为教师专业发展注入新的动力？评价问题仍然困扰着我们。

教育评价是深入推动课程改革的瓶颈。只有教育者把握教育评价的本质，掌握新兴评价方法和相关分析技术，能在实践中准确、有效地评价学生的多元发展，才能强有力地引领教师的教与学生的学，切实促进教师教学方式变革。教师需要学习，需要专业支持。

我们通过多种渠道搜集了一些可供参考的书籍，研读后发现国内学者编撰的有些著作理论性很强，但联系实践不够，而国外学者编撰的著作能联系实践，但联系的是国外实践，还需要本土化。正当我们如饥似渴的时候，赵老师出版了他的新作《促进教学的测验与评价》。

赵老师长期在高校从事教育评价领域的教学与研究，著述颇丰，是教育评价领域的权威专家。读他的新作，发现这本书具有三个特点：(1) 科学性。赵老师在书中不仅阐释了教育评价的基本理论、常用模式和新兴方式，而且强调评价也需要被评价，尤其要高度重视评价的效度。无论是大规模高利害测验，还是教师自编测验，只有当测验能准确评价要评价的学习目标的达成程度，能基于评价数据做出准确有效的推论时，评价才能切实发挥其发展性功能，为改进教师的教与学生的学提供有价值的信息。(2) 实践性。赵老师学问做得很精深，但他没有局限于象牙塔内，而是经常深入中小学，躬身实践，与一线教师研究和解决评价实践中面临的问题，具有丰富的实践指导经验。他的新作理论联系实践，提供了大量鲜活的案例，极富启发性，对中小学教师、教研员和命题者等各种关心教育评价的人指导性很强。(3) 可读性。赵老师的课观点明确，逻辑清晰，且风趣幽默。赵老师写书也是如此，他心中始终装着读者，以第一人称与读者"对话"，语言朴实、简练和流畅，有吸引力。

这本书的出版恰逢其时。希望更多的教育者、研究者，乃至师范生能发现这本好书，能反思与改进自身评价实践，并进而深化课程与教学改革，推动教育创新。

自 序

在我国，教育评价思想源远流长。早在西周奴隶制时期（公元前1046—前771年），为教育贵族子弟而设立的太学就已建立了系统的评价制度。《礼记·学记》有载："比年入学，中年考校，一年视离经辨志，三年视敬业乐群，五年视博习亲师，七年视论学取友，谓之小成。九年知类通达，强立而不反，谓之大成。"这一制度，不仅规定了大学实施评价的时间，隔年进行一次，而且规定了评价的内容与标准。及至隋唐，我国开始科举取士，在考生来源、考试科目、考试办法、录用程序等诸方面已形成一整套较完备的制度。

然而，中国古代深厚的教育评价思想，却因种种历史原因，未能在20世纪伴随西方教育测验与评价运动的兴起而率先发展起来。世界上第一个现代教育评价概念诞生于美国，由当代著名教育家泰勒（R. W. Tyler）在八年研究期间（1933—1941年）提出。泰勒认为，评价是课程管理中的一个重要环节，它在本质上是确定课程和教学大纲在实际上实现教育目标程度的过程。无论是一门课的教学，还是一个单元乃至一节课的教学，教师都要对照预期目标考查学生达成目标的程度。这一概念以及由此衍生的目标本位评价模式（Goals-Oriented Evaluation Model），奠定了教育评价学科的基础。此后，随着教育思潮及哲学思想的演变，CIPP评价模式、目标游离评价模式等众多新模式相继涌现，但其中多数模式都根植于目标本位模式，是对目标本位模式的修订与发展。

相对而言，现代意义上的教育评价研究在我国起步要晚得多。20世纪80年代，一些学者陆续从国外及我国港台地区引介有关文章及专著，其中比较有代表性的书籍有邱渊等人翻译、布卢姆等人编写的《教育评价》，以及陈玉琨、赵永年选编的教育学文集第16卷《教育评价》，这些文献资料全面介绍了世界教育评价改革的动态与趋势，推动了我国教育评价实践活动和研究工作有序展开。1984年，我国正式加入"国际教育成就评价协会"（International Association for the Evaluation of Educational Achievement，简称IEA）；1985年，中共中央发布《关于教育体制改革的决定》，指出"衡量任何学校工作的根本标准不是经济收益的多少，而是培养人才的数量和质量"，教育评价作为教育改革中的重大问题开始受到广泛关注，有关制度建设工作渐次启动。自此，我国教育评价事业才开始进入快速发展时期。

评价在整个教育质量保障体系中扮演着相当重要的角色，具有导向、督促、诊断、激励和发展等多重功能，是教育改革推进中的关键问题。进入21世纪以来，第八轮基础教育课程改革不仅在课程功能、结构、内容及实施方式上提出了新的理念，在教育评价领域也进行了整体设计。《基础教育课程改革纲要（试行）》明确指出，要"改变课程评价过分强调甄别与选拔的功能，发挥评价促进学生发展、教师提高和改进教学实践的功能"，建立适应课程改革需要、符合素质教育要求的发展性教育评价体系。

新课程实施以来，广大教育工作者和研究者在理论、政策和实践层面都对评价进行了大量深入的探索，取得了积极的进展。特别是教育评价实践层面出现了许多可喜的变化，主要有：评价功能由甄别选拔走向激励发展，无论是对学生的评价，还是对教师和学校的评价，都力图体现育人为本，都将学生发展放在第一位，更加强调诊断、激励与改进；评价内容走向多元化，不仅重视学生的知识与技能，而且关注学生的复杂能力和情感发展；评价主体由自上而下的单一主体评价向多主体协商对话转变，评价的民主性与公平性得到加强；评价方法改革持续跟进，成长记录袋、表现性评价等一些新兴评价方式逐渐走进教师视野，成为评价改革的亮点。

最近几年，随着课程改革的深入推进，我国中高考改革的力度也逐步加大。除了考试科目和形式上的改革,命题改革开始提上日程。许多省市在命题中呼应课改方向,越来越强调考查学生运用所学知识独立思考与分析问题、解决问题的能力,加强表现性评价的应用。

以北京市为例,该市于2013年底公布的高考改革方案强调各学科要突出基础性、应用性与工具性,使评价与学生生活及现代社会联系起来,考查学生在真实情境中分析和解决问题的能力。比如,语文学科命题要"充分体现语文的基础性和作为母语学科的重要地位,注重考查内容与社会生活实践的联系";又如,理科综合命题要"从学生已有的经验和将要经历的社会生活实际出发,通过生产、生活中的一些真实情境和实验观察、自然体验,考查学生联系实际深化、应用知识的策略和学科素养"。这种改革代表了当前评价与考试改革的新方向。

中高考是"指挥棒",中高考考什么,中小学就教什么;中高考怎么考,中小学就怎么教。可以说,命题改革直击课程改革的核心,对于深化课程改革和推进素质教育意义重大。当前,中高考命题改革已经取得了突破性进展,中小学教育实践也崭露出很多积极的变化。

教育评价改革在逐步推进。但必须承认的是,实践中仍然存在很多亟待关注和改进的问题。比如,教育者在测验编制过程中关注了内容效度、难度和区分度的分析,但对结构效度的论证、审查重视不够。一份测验或一道测验题目是否测到实际想要测量的特质,基于学生在测验中的表现能否做出有效的推论,不少教育者不知道如何分析和改进。又如,中高考命题者有意识地创设一个真实的生产生活情境,试图考查学生发现、分析和解决实际问题的能力,但由于情境与问题缺乏实质性联系,相互脱离,最终考查的还是孤立的知识与技能。

一名普通的中小学教师如何在教学实践中评价学生学习进展,诊断自己教学的成效与得失,使评价有效引领、支持和辅助自己的教学?一位教研员或命题者如何编制出一份符合测量学要求、经得起元评价考验的试题,以确保关键考试的命题质量?一所学校如何构建体现育人为本理念、能有效促进学生发展的教育评价制度?一个地区如何做好区域教育质量监测,及时发现当地教育教学实践中的问题,并予以有针对性的补救,建立健全教育质量保障体系？……一系列问题有待理论工作者与一线教育工作者联手进行深入研究。

2000年，第八轮课程改革启动之初，教育部成立了国家基础教育课程改革"促进教师发展与学生成长的评价研究"项目组，由时任北京师范大学副校长的知名心理学家董奇教授担纲主持，召集全国各地有关专家就教育评价领域的一些重要问题开展专题研究。项目组编译出版"新课程与教育评价改革译丛"，陆续译介《有效的学生评价》《测验的反思：对高利害测验的建议》等十几本国外权威著作或教材，系统介绍了国外教育评价领域的新成果、新方法和新实践。同时，项目组还及时总结本土研究成果，编辑"新课程与教育评价改革丛书"，先后出版了《成长记录袋的基本原理与应用》《小学日常评价与学业考试改革的探索》等多部著作，为新课程背景下的教育评价改革提供了有力的专业支持。

作为"促进教师发展与学生成长的评价研究"项目组核心成员，我积极参与各种项目工作，并经常深入中小学和教研机构，与一线教育工作者一起开展行动研究，解决实践中面临的突出问题，积累了大量鲜活的实践案例。我还及时总结研究成果，与人合作出版了《成长记录袋的基本原理与应用》（陕西师范大学出版社，2002年）、《新课程与学生评价改革》（高等教育出版社，2004年）等多部著作，独立发表了《减负背景下的评价与考试改革》《成长记录袋应用的回顾与反思》《表现性评价应用中的问题——基于2015年多省市中高考命题的分析》等二十余篇学术文章，成果不可谓不多。但纵观我以及其他研究者的诸多成果，我发现适合一线教育工作者阅读的专著非常少。于是，我萌生一个心愿，就是基于我在北京师范大学多年来从事"教育测量与评价"课程教学以及在全国范围内面向教育工作者开展教育评价专题培训的经验，整合有关研究成果，撰写一本专著，希望能深入浅出，理论联系实际地阐述评价原理，帮助教育者掌握评价基本技能，让实践中的评价更加有效，积极促进教师的教以及学生的学。

经过接近一年时间的写作及反复修改，现在这本专著已呈现在大家面前，取名为《促进教学的测验与评价》，很朴实，正如本书的写作风格，质朴又不失生动，平实又不失深刻，实实在在。全书由七部分构成，不仅细致阐释了测验与评价的基本原理，而且对本轮新课程实施中的热点问题（如表现性评价、成长记录袋、情意领域评价）进行了深入讨论与案例分析。为便于阅读，我在每个部分开头不仅撰写了简短的导读，而且提供了概览，让读者能先对本部分内容有一个整体的了解，再根据个性化需要决定阅读的起点和节奏。如果您是一名研究者，想对某些问题进行细致推敲，每部分末尾我都列举了参考文献，您可以拓展阅读，深入探讨。

测验与评价是教学有机的组成部分，是教学质量保障体系中的重要一环。评价与教学相互联系、相互促进，相辅相成。优秀的教师不能只会教，不会评，"评价"是教师专业能力中的重要成分。优秀教师既要精通教学，又要研究评价；既是一名教学专家，又是一名评价专家。衷心希望本书能够带给大家多样化、深层次和成长性的启发，切实引导教育者的观念更新及行为转变，促进教师专业化发展，并有力推动相关制度建设、政策完善和实践创新。

当然，尽管我在撰稿过程中一直本着严谨的态度不断修改和订正，但由于本人才疏学浅，书稿中可能仍有纰漏之处，恳请各位专家和广大读者不吝赐教。如果您对本书有什么意见与建议，或者想就某些问题与我进行深入探讨，欢迎与我联系。我的电子邮箱是：zhaodecheng@bnu.edu.cn。

2016 年 5 月于北京师范大学

走近测验与评价
第1章

  长期以来，教学相长的道理已经被教师们广泛理解和接受，但评价与教学相互依赖、相互促进的关系却较少被人注意到。实际上，评价是教学的有机组成部分。教师只有在教学中不断通过测验与评价分析学情，诊断学生达成预期目标的程度，才能使教学更有针对性和吸引力，更能有效地促进学生发展。

  从这个意义上来说，教师仅钻研教学，即便已经很精通，但如果不懂测验与评价，也很难成长为一名专家型教师。教师既要做教学专家，又要做评价专家。

概　览

1.评价是基于标准对学生发展变化所进行的综合评判,它对学生发展水平的描述既有定量的,又有定性的;它不仅有描述,还基于定量和定性数据进行价值评判。相对于测验而言,评价是一个更加全面、涵盖面更广的术语。

2.教育评价模式将复杂的教育评价工作简单化、程序化和操作化。由泰勒提出的目标本位评价模式是当前世界范围内影响最大、应用最广泛的一种模式。教师要熟悉这种模式,能参照这种模式设计与实施评价。

3.在教学实践中,教师经常对学生的学习情况进行评价。根据测评应用的时间点和所发挥的功能,可以将教学中的评价区分为诊断性评价、形成性评价和终结性评价。

4.诊断性评价是教学工作一个不可或缺的重要环节。教师在计划学期教学、单元教学,乃至一节课教学的时候,都要重视诊断性评价,全面、客观地开展学情分析,以提高教学的针对性和吸引力。

5.形成性评价的本质特点是评价所收集的信息主要用于改进。形成性评价不能简单地等同于平时分数记录簿。教师只有对平时作业和测验进行深入分析,并在此基础上改进教与学,形成性评价才能发挥其应有的作用。

6.终结性评价指在某项计划或方案结束后对其最终结果进行的评价。从性质上来看,它主要属于标准参照测验,要严格依照课程标准、教学大纲,或某个客观标准编制测验任务,以考查学生达成标准的程度。

7.测验与评价是教学的有机组成部分。优秀的教师不能只会教,不会评,"评价"是教师专业能力中的重要成分。

初步认识教育评价

什么是教育评价？教育评价的本质是什么？如何理解它与测量、测验的关系？这些是教师首先需要弄清楚的问题。在实践中，之所以有些教师在评价实践中出现这样或那样的问题，往往与他们对基本概念理解的偏差有关。

评价不能简单等同于表扬

新课程实施以来，很多教师都开始意识到评价的重要性，特别是在教学中要加强形成性评价，通过评价对学生的学习予以诊断、反馈和激励。但是不少教师将评价简单地等同于表扬，以为只要在课上表扬了学生，就算加强了评价。有一位小学语文教师的公开课十分典型。她给1年级学生讲了《司马光》一课。以下是她刚开始上课时的导入片段。

"同学们，你们好！古时候，有一个大文学家，叫司马光。他小时候很爱学习，也很聪明。有一天，他跟几个小朋友在花园里玩。花园里有个假山，假山下面有一口大水缸，缸里装满了水。有个小朋友很淘气，爬到假山上去玩，一不小心，掉进了水缸。水缸里水很深，要是再不把他救出来，他的生命就有危险了。"老师声情并茂地介绍了故事的背景，然后问道，"如果你是司马光，你会怎么办？"

一个小学生举手说："我拿一个吸管一样的长棍让那个小朋友先呼吸着，再想其他办法去救他。比如说，找大人。"

"你是个善良又充满智慧的孩子，可是要找一个你说的木棍可能来不及了。"老师对学生的回答做了及时的回应。

"我找一块大木板，让那个小朋友趴上去浮起来。"第二个学生举手回答道。

"你真爱动脑筋，知道的知识也不少，是个聪明的孩子。可是到哪儿去找这么合适的一块木板呢？还有水缸是不是足够大呢？都存在问题。谁还有别的方法？"老师对这个学生的回答也给了及时的评价。

"我找个皮管子，用嘴一吸水就吸出来了，我爸爸浇菜就这样做。这样做小朋友也得救了。"第三个学生说。

"你真是个细心的孩子，这么善于观察，现在又学会应用了，真了不起。可是要在当时找到我们所需要的皮管子可能也来不及了。在当时的情况下，到底司马光怎么办才好呢？请同学们翻开书，咱们一起到书中找答案。"

在教学反思中，上课教师认为自己十分注重形成性评价，在每个学生回答完问题之后都及时地表扬、反馈和指导；教研员也认为这个老师评价做得好，不仅时间上及时，而且表扬的语言也准确到位，不像有些老师总是笼统地说"你真好"。姑且不说这个老师在每个表扬之后都跟着否定，这种条件性肯定可能给学生造成一定的紧张感，单就上课教师和教研员对评价的理解来看，实际上有失偏颇，他们将评价简单地等同于表扬。

评价与表扬是两码事。举例来说，一名物理教师教完某个单元课程之后举行了一次单元验收测验，结果每个学生都有不同的分数，有人得87分，有人得73分，每个学生的分数都表明他达成本单元学习目标的程度，这是评价，是对学生达成既定标准的判断。而针对不同学生的表现，物理教师对学生们进行表扬，得87分的学生因表现优秀得了优异奖；另一个学生虽然只得了73分，但相比于上次考试进步明显，所以得了进步奖。这是教师对学生表现的表扬，是教师在评价之后跟进的激励措施。评价与表扬经常被包含在一个教育过程中，教师通过评价发现某个学生达标程度好，就进行表扬，以激励其进一步努力的积极性。但评价与表扬是性质不同的教育活动，教师要将两者区别开来。

真正重视评价，就是在教学中不断收集信息和资料，评判学生达成既定目标的程度，分析学生表现得好不好，发现学生在朝目标迈进过程中的优势与不足。如果将评价简单地等同于表扬，只知道在师生互动过程中表扬学生，即使表扬"满天飞"，也无法对学生的发展变化形成准确、清晰的判断，不知道学生表现中的成就与不足,自然也就无法有针对性地分析与改进教学。教师需要把握评价的本质,按照既定的标准对学生的发展变化、达标程度及影响因素进行价值判断,为改进教师的教和学生的学提供丰富而有用的信息。

给教育评价下个定义

现代的教育评价概念是美国当代著名教育家泰勒(R. W. Tyler)在八年研究期间(1933—1941年)首次提出的。其基本思想就是注重教育效果的价值判断,强调必须分析教育应达到的目标,并根据这个教育目标来评判教育效果。"评价过程在本质上是确定课程和教学大纲实际上实现目标程度的过程"。[1](345)

但值得注意的是,教育评价作为一门新兴学科,它的理论体系、评价模式和方法技术都处于不断发展、完善的过程中。在泰勒之后,教育评价的概念有了很大的发展,其中比较具有代表性的定义有以下几种:

第一,着眼于效果分析,强调通过评价判断教育目标或教育计划的实现程度。这种定义方式非常接近泰勒的观点。例如,台湾学者李聪明认为,教育评价是利用所有可行的评价技术评量教育所期望的一切效果。[2](3)

第二,着眼于信息收集和决策,强调通过评价收集资料,为教育决策服务。例如,克隆巴赫(L. J. Cronbach)认为,评价的中心不应仅是目标,而更应是决策;所谓教育评价,就是收集和利用资料,对参与教育活动的各个部分的状态、技能、成果等情报进行整理,以完成有关教育方案的决策。[3](275-276)

第三,着眼于描述和价值判断,强调教育评价就是对教育现象进行描述和价值评判。例如,斯克里文(M. Scriven)认为,评价是一种既有描述,又有判断的活动,评价的基本目的是判断方案的优缺点、相对价值及整体价值,是一种对优缺点和价值的评价。[4]

第四,从综合的观点来理解。比如,1981年,美国教育评价标准联合委员会综合了各种评价观点,给教育评价下了一个综合性定义:教育评价是对教育目标达成程度、教育优缺点与价值判断的系统调查,为教育决策提供依据的过程。[5](6) 这个定义集中了上述三种观点的基本内涵。

综合上述多种定义方法,可以看出教育评价具有如下一些共性特征:

(1)教育评价是一个过程，而且是一个有严格程序的、连续的系统活动过程。(2)教育评价以教育目标或一定的教育价值观为依据。(3)教育评价是一种价值判断活动，它始终以对评价对象的功能、作用、状态进行价值评判为核心。(4)教育评价以科学的评价方法技术为手段。(5)教育评价为促进人的发展和教育管理、教育决策提供有用的信息。

依据上述分析，我们从广义和狭义两个层面给教育评价下定义。广义的教育评价就是按照一定的价值标准，对受教育者的发展变化及构成其变化的诸种因素进行价值判断的过程。

这一定义体现了三个基本观点：

第一，教育评价的本质在于"价值判断"。尽管评价的具体目的可能有多种，评价形态也不一样，评价对象差异也比较大，但有一点是必须把握的，这就是"价值判断"。评价是人类的一种认识活动。它与认识世界"是什么"的活动不同，它是一种以把握世界的意义或价值为目的的活动。每个人都经常对自己、他人和周围的事物进行价值判断。人的任何选择都是经由价值判断而做出的。教育评价本质上是对教育中的人、事物、活动等进行价值判断的过程，是一种带有主观性的活动。从这一意义上来说，试图使教育评价完全客观化或科学化的做法，实际上背离了教育评价的本质。

第二，教育评价的对象是"受教育者的发展变化及构成其变化的诸种因素"，通俗地说，就是教育领域中的人、事物或活动。受教育者的发展变化是教育评价的重点。因为教育的出发点和归宿就是促进受教育者的发展变化，所以评判教育价值首先要以受教育者为对象，考查其达成既定目标的程度。除受教育者之外，与培养学生相关的各种条件都是教育评价的内容，包括各级教育行政部门履行职责的情况、学校办学水平、教师教学质量等等。对这些条件的评价要以育人为核心，体现教书育人、管理育人和服务育人。各种条件是否真正服务于或促进了受教育者的发展变化，是体现其价值的重要指标。

第三，教育评价必须依据一定的价值标准。评价是一种主观活动，但它必须严格依照一个既定的、公认的价值准则进行。每个教育评价活动都必须明确提出评价的标准，作为价值判断的依据，然后收集资料评判评价对象达成这个既定标准的程度。

狭义的教育评价指的是对学生发展变化达成既定标准程度的评判。前文已述，广义的教育评价是一个大概念，它不仅包括对学生的评价，而且包括对办学条件、教师工作、学校管理等各种影响因素的评价。而狭义的教育评价外延较小，它只是对学生学习与发展的评价。教育的根本目的在于促进人的发展，学生究竟学习和发展得怎么样，是学生、教师、管理者、家长，乃至社会各界共同关心的重要问题。狭义的教育评价在教育质量保障体系中扮演着重要的角色。因此，本书探讨的主要是狭义的教育评价，但不完全局限于它。

测验与评价

要理解测验，就要从测量说起。所谓测量，就是依据一定法则使用量具对事物特征进行定量描述的过程。[6](1-2) 而教育测量则是依据心理学和教育学原理，使用测验对人的心理特质和教育成就进行定量描述的过程。测量长度用的量具是尺子，测量重量用的量具是秤，而测量人的心理特质和教育成就，量具主要是测验，当然又不局限于测验。有时候，教师采用评价量表观察和记录学生在自然情境下的某种行为，没有设计任务引发学生的行为，这也是在测量，但就没有使用测验。测验是用于系统观察教育或心理特质的一个或一系列任务。[7](17)

在教育领域，教师经常使用各种测验。根据测验分数解释所参照的标准，可以将测验分成常模参照测验和标准参照测验两种。常模参照测验将被试水平与常模相比较，以评价被试在所属团体中的相对位置，[6](14) 主要用于测量个体智力、兴趣、态度或个性差异。[7](19) 而标准参照测验将被试水平与某一绝对标准相比较，以评价被试达成该标准的程度。一个测验究竟是常模参照还是标准参照，不是截然分开的。教师实施的单元验收测验从性质上来说是标准参照，是考查学生达成单元教学目标程度的测验，但学生分数出来后教师将一个学生和其他学生去比较，找班里的平均分、最高分、最低分，甚至对学生进行排名，那么这个测验同时也是常模参照测验。

此外，测验还有其他的分类方法。依据测量内容的不同，测验可以分成智力测验、能力倾向测验、成就测验和人格测验等；依据测量方式的不同，测验可以分成个别测验和团体测验；依据测验形式的不同，测验可以分成文字测验和非文字测验，纸笔测验和操作性测验；依据测验功能的不同，测验还可以分成难度测验和速度测验。不同测验有不同的特点，了解这些特点上的差异，有助于我们更好地理解和应用测验。

相对于测验而言，评价是一个更加全面、涵盖面更广的术语。[8](25) 测量是对学生发展变化的定量描述，也就是说其结果是用数字来表达的。而评价是基于标准对学生发展变化的综合评判，它对学生发展水平的描述既有定量的（如小明在3年级语文期末测验中得95分），又有定性的（如小明作业整洁，且能按时提交），还有基于定量和定性数据的价值评判（如，小明语文学得很好）。评价要基于测验所收集的定量数据，但又不局限于测验，还可以收集定性的数据。将评价局限于测验，只对学生发展做定量描述，或者将评价脱离测验，使之完全没有定量数据作为基础，在实践中都是行不通的。在实践中，测验与评价紧密联系，两者相互联系和相互促进。也正是因此，人们有时候对测验和评价不做区别，而是笼统地称之为测评。

几种经典的教育评价模式

教育评价的实施是一个系统工程,涉及多个相互联系又相互制约的过程、环节和侧面,是十分复杂和具有挑战性的工作。所幸的是,教育评价专家已经开发出多种教育评价模式,将复杂的教育评价工作简单化、程序化、操作化,[9](36-37) 为教育评价方案的设计与实施提供了既有效果又有效率的参照框架。每个模式都来自不同的理论观点和概念框架,都有其独特的优势和局限性。以下介绍几种经典的教育评价模式,教育者可以根据实际需要选用。

目标本位评价模式

目标本位模式(Objective-Based Evaluation Model)是由泰勒进行八年研究期间(1933—1941年)开发出来的一种评价模式,是世界上提出最早的评价模式,也是在世界范围内影响最大、最深远的模式。

这一模式包括以下一些基本步骤:(1)确立宽泛的目的或目标;(2)对目的或目标分类;(3)以可观察、操作化的语言界定目标;(4)寻找证明目标实现的情景;(5)开发或选择测量技巧;(6)收集数据资料;(7)把数据资料与既定目标相对比。如果最后一步发现数据资料与目标不相一致,那么教师可以调整项目或活动以改进其效果。在调整之后,重复实施评价。

表1-1以7年级语文为例,参照目标本位评价模式设计与实施了一次口语交际评价。由这一示例可见,目标本位评价模式具有广泛的适用性,每一个学科的教师都可以在当堂检测、单元验收测验、月考、期中考试及期末考试等各种测评中,参照它来设计评价方案,以考查学生达成既定目标的程度,为后续教学提供参考。

表 1-1　目标本位评价模式应用示例

序号	目标本位评价模式实施步骤	以 7 年级口语交际能力评价为例
1	确立宽泛的目的或目标	依据《义务教育语文课程标准（2011年版）》，口语交际教学的长远目标是：具有日常口语交际的基本能力，学会倾听、表达与交流，初步学会运用口头语言文明地进行人际沟通和社会交往。
2	对目的或目标分类	依据《义务教育语文课程标准（2011年版）》，7～9学段，口语交际教学的目标主要如下：(1) 能注意对象和场合，学习文明得体地交流。(2) 耐心专注地倾听，能根据对方的话语、表情、手势等，理解对方的观点和意图。(3) 自信、负责地表达自己的观点，做到清楚、连贯、不偏离话题。(4) 注意表情和语气，根据需要调整自己的表达内容和方式，不断提高应对能力，增强感染力和说服力。(5) 讲述见闻，内容具体、语言生动。复述转述，完整准确、突出要点。能就适当的话题作即席讲话和有准备的主题演讲，有自己的观点，有一定说服力。(6) 讨论问题，能积极发表自己的看法，有中心、有根据、有条理。能听出讨论的焦点，并能有针对性地发表意见。
3	以可观察、操作化的语言界定目标	教师基于课标、教材及学生实际，提出本堂课的操作化教学目标是：(1) 主动、自信地表达自己的观点；(2) 表达意见时有理有据，语言简洁；(3) 倾听他人观点；(4) 在协商中寻求共识，找到解决问题的最佳办法。
4	寻找证明目标实现的情景	教师刚刚讲完《少年爱因斯坦》一课，这篇文章回顾了爱因斯坦早年在德国、意大利和瑞士等国的求学经历，也分享了爱因斯坦对教育的一些思考。近些年来，尽管我国基础教育正在进行一些重要改革，但过于注重书本知识、束缚学生思维、打击学生自信、忽视学生个体差异等问题都还不同程度地存在，经历了多年基础教育的 7 年级的中学生应该有话要说，教师决定联系爱因斯坦的求学经历，组织一次小组讨论，以考查学生的口语交际能力。

续 表

序号	目标本位评价模式实施步骤	以 7 年级口语交际能力评价为例
5	开发或选择测量技巧	教师设置的任务如下：你怎样看待爱因斯坦对当时学校教育的不满？你对我们正在接受的教育满意吗？如果有同学对我校某些教育方式也不满意，你觉得怎样做合适？请同学们每四人分成一组，就上述问题进行小组讨论。
6	收集数据资料	在学生们分组讨论的过程中，教师留意观察每一个学生的表现，特别是那些表现薄弱的学生。在讨论结束后，教师指导每个小组对组员达成目标的程度进行 5 分评定。
7	把数据资料与既定目标相对比	将学生评分收集上来之后，教师统计发现：目标（1）和（3）达成度最高，学生均分接近 5 分；在目标（2）上学生得分最低，3 分及 3 分以下的同学有 5 人，需要今后给以特别指导和支持。

目标本位模式将实际结果与预期目标作对比，使教育评价更为客观和简捷，易于理解和遵循，而且"可以帮助所有学生发挥他们的最大潜力和成为有用的人"[10](10)，体现了评价的发展性，因而受到教育者、研究者和决策者的认可，并逐渐发展成为全球范围内应用最广泛、影响最深远的评价模式。正是由于泰勒的这些突出贡献，人们将他尊称为"现代教育评价之父"，将他提出的行为目标本位评价模式称为泰勒模式（Tyler's model）。

泰勒模式构成了教育评价的基本框架，但需要指出的是，泰勒模式并不是十全十美的模式——当然也不存在十全十美的模式。泰勒模式是一种以目标为中心的模式，它没有关注目标形成的背景及目标本身的合理性，也没有涉及目标达成的过程，对目标达成或不达成的原因缺乏分析，不能为教学改进提供更加有力的依据。另外，泰勒模式对结果的关注局限于既定目标的达成，非期望效应没有受到应有的重视，对结果的评价不够全面，亟须拓展。

CIPP 评价模式

CIPP 评价模式（CIPP Evaluation Model）由斯塔弗尔比姆（L. D. Stufflebeam）

于20世纪60年代末70年代初提出,[11-12]是从泰勒所架构的目标本位模式派生出来的新模式,是对泰勒模式的修订与发展。斯塔弗尔比姆认为,"评价最重要的意图不是为了证明,而是为了改进"。[13](283)评价不仅应该关心目标达成程度(行为结果),还应关心目标是怎样筛选出来的,以及目标是怎样达成的(行为过程),从以目标为中心转向以决策为中心。

基于这样的观点,斯塔弗尔比姆提出了CIPP评价模式。一个完整的评价应该包括四个步骤,分别是:(1)背景(Context)评价:对目标形成的社会背景、环境条件进行评价,以分析教育目标的合理性与可行性;(2)投入(Input)评价:对方案实施中各方投入情况的评价,如师资、生源、经费、设备等,用以寻找、确认各种问题解决的途径;(3)过程(Process)评价:在方案实施中对方案的评价,它主要用于发现方案实施中存在的问题,并及时反馈给方案的制订者,以不断改进方案;(4)结果(Product)评价:考查达到目标的程度,是控制教育质量的重要手段。

CIPP模式拓展了评价的范围和评价者的视野,明确了持续的评价秩序,有助于评价者收集更全面、深入的证据,做出公平、无偏见、有利于改进的评判和决策,进一步体现了发展性理念,因而得到广泛的关注和应用。

一所学校可以借鉴CIPP模式对校本课程进行评价。首先,学校对某门课程开发的背景进行评价,明确学生发展的现状和相关需求,分析课程目标的合理性,确保目标设计体现以学生发展为本的理念;其次,学校可对其目前能掌握、调配和利用的校内外资源进行分析,进行投入评价,从各种备选课程方案中选择最为合理、高效的一个;接下来,在该课程实施过程中,学校可以监控课程实施过程,开展过程评价,发现教师教学、师生互动、学生参与等诸多方面存在的优势与不足,并将评价信息及时反馈给教师,督促教师不断优化教学;最后,学校和教师要对课程实施的效果进行终结性评价,考查预定目标的达成程度,对下一轮课程实施提出建议。这就是一个完整的CIPP评价操作模式。

对一个教师某一节课的评价,也可以参照CIPP模式予以操作。听课者可以先进行背景评价,也就是分析教师所教学生的学情,到底学生在上本节课之前已经知道什么,还不知道什么,具备了怎样的相关经验,还想知道什么,会对什么感兴趣等,这些背景资料的收集,有助于分析教师的教学目标是否具有针对性;接下来,听课者可以进行投入评价,也就是分析教师能开发和利用哪些资源,然后基于资源和条件分析教师的教学设计是否合理、高效;上课时,听课者可以观察教师的教学过程及学生的课上表现,发现教学中的问题,这是过程评价;上课结束后,听课者可以实施结果评价,即通过当堂测验或者学生访谈,评价教师的教学成效,考查本堂课的目标达成程度。

需要指出的是,CIPP 模式并没有机械地要求每次评价一定要按步骤逐一开展。评价者开展评价的起点既可以是在方案实施前,也可以是实施中,并且允许仅实施其中的一种或两种评价(比如只做过程评价和结果评价,不做背景评价和投入评价)。[14](305) 评价焦点的选择受评价介入的时间点以及委托方或发起人的意图、假设等因素影响。

目标游离评价模式

无论是泰勒模式,还是 CIPP 模式,都十分注重对目标达成程度的评价。这种对目标的关注有助于评价者聚焦于课程或活动目标,收集与课程目标相关的各种信息,同时它也可以促使设计者反思他们的意图,使目标更加清晰与合理。但是仅仅关注已明确界定的目标会限制整个评价过程,使其他一些重要的非预期结果受到忽视。由斯克里文于 20 世纪 70 年代开发的目标游离评价模式(Goal-Free Evaluation Model)正好突破了这种限制。[9](40-41)

斯克里文认为,各种教育活动发生之后除了收到预期的效果外,还可能会产生许多意想不到的"非期望效应"(或副效应)。[15] 他还注意到,有些方案以典型的方式来实现其目的,却由于某些极为有害的副效应而功败垂成;而有些方案在达到预期结果方面成绩甚微甚至没有任何成绩,却因取得了某些重要但没有预期的进展而圆满结束。在这种情况下,带着预期目标去评价,将目光局限于预期目标,就不能客观评价方案的实际成效。他进一步批评道,"对目的的考虑和评价是一个不必要的,而且很可能是有害的步骤"。[16](772) 于是,他提出了一种替代方法,即目标游离评价模式。为了避免可能的偏见和提高客观性,评价者要从既定目标中游离开去,不受目标的局限,全面考查教育计划或方案的实际成果和可测量效果，而不仅仅是预期效果。

这种模式要求评价者在评价中全面关注项目活动产生的影响，而不是带着一个预设的框架来收集数据，使评价能更加客观地反映项目活动所产生的影响。比如在学校中听课。一般来说，听课者要先查阅教师的教案，以了解教师的教学内容（讲哪一课）、教学目标（学生要达成怎样的学习目标）及教学方法，然后去听课，观察学生的学习，分析学生达成既定目标的程度，评价教师的教学效果。对教师教学效果的评判主要依据学生达成既定目标的程度，这种对既定目标的关注，可能在一定程度上遮蔽了听课者的视野，使之忽视教学活动对学生产生的真正影响。如果听课者采用目标游离评价模式，在听课时不去看教案，心中没有既定的评价焦点，而是用自己的眼睛全面、客观分析教学效果，可能会发现非期望效应，对教学活动及受教育者的变化形成新的看法。

举个例子来说，某校十分注重学生习惯养成和意志品质教育，所以在新生入学期间将学生带到部队开展为期一周的严格军训，学生们比原来变得守时、守纪了，队列操也展现出良好的精神风貌。评价者可以据此认为学校的养成教育措施得力，效果明显，但如果评价者抛开既定目标，对学生进行深入访谈，会发现军训带给他们的影响远不止于此。很多孩子原本十分崇拜军人，对参军入伍有着无限憧憬，但军训完毕之后对艰苦的军营环境和体能训练心生畏惧，不喜欢部队，甚至不喜欢军人了。当这批孩子在适龄时不愿意应征入伍，这对于国家而言是很大的损失。目标游离评价模式使评价更加全面，也更加深入。

建构主义评价模式

建构主义评价模式发端于1957年以后美国因苏联卫星上天而发动的教育改革。在这场改革中，人们开始讨论一个问题，即对已有既定目标是否需要评价，是否需要判断。1967年，斯塔克（R. E. Stake）发表《评价的面貌》一文，指出评价不仅要描述事实，而且要做出判断，主观价值判断也是评价的重要活动之一。[17]将评价理解为对事物特征的客观量度，不仅在认识上是错误的，在实践中也是有害的。

　　古巴（E. G. Guba）和林肯（Y S. Lincoln）是建构主义评价模式的代表性人物。他们认为，评价者在评价中发现的并不是"唯一"、"客观"、"真正"的"事实"，描述的也不是事物的"客观、唯一、真实"的状态，而只是被人体现、认同的事实，以及带有价值评判的认识，评价在本质上是一种通过"协商"而形成"心理建构"的过程。[18]因此，好的评价要创设机会让各种利益相关者参与到评价过程中，表达他们的诉求和观点，并经由协商达成共识，注重定性研究方法和三角互证技术的使用。这样的理念反映了后现代哲学观，强调多元文化主义、道德相对性和多元实体的概念。

　　在操作上，建构主义评价模式有5个重要环节，分别是：（1）订立协议。评价者要与资助人、结果使用人签署协议，阐明各自的权利和义务。（2）组织评价。评价不能想当然，要深入现场，充分了解各利益相关者的真实想法，获得真实、全面的信息资料。（3）确定优先协商的问题。评价活动中发现的问题有很多，需要优先协商的问题可以是有可能达成共识的问题，可以是有分歧但可以形成妥协并采取一致行动的问题，也可以是多方存在根本利益冲突的问题。（4）协商。评价所收集的数据本身并不会说话，协商就是通过对话给这些资料赋予各方都能接受的意义，从而达成共识。协商贯穿评价的始终。（5）报告。评价报告既要反映各利益相关方的心理建构及共同协商的过程，又要保持公正，体现教育性。

　　建构主义评价模式在操作上略显复杂，但它为我们提供了一个全新的视野，强调评价是一种主观意义建构，重视评价过程中的民主参与，倡导协商和对话的工作方法，这对当前的教育评价实践具有重要的启发意义。

　　无论是学生学业成就的评价，还是学生情意发展的评价，我们都要改变以往主体单一、学生被动接受评价的局面，让学生通过自我评价、同伴评价参与到评价过程中，各方经过协商形成评价意见。这样一个民主参与的过程，不仅落实了学生主体地位，体现教学民主，更重要的是，它帮助学生发展自我评价、自我反思和自我监控的能力，促进学生实现自主发展。

教学中的测验与评价

教学离不开测验与评价。在教学实践中，教师经常编制和使用测验，对学生的学习情况进行评价。根据测评应用的时间点和所发挥的功能，可以将教学中的评价分为诊断性评价、形成性评价和终结性评价。

诊断性评价

诊断性评价是在某项教育活动开始之前进行的测定性评价，也可以理解为对评价对象的基础、现状、存在的优势与不足，以及原因等所进行的鉴定。具体到教学活动中，教师在计划单元教学，甚至计划一节课教学的时候都需要重视诊断性评价，重视学情分析。

诊断性评价是教学工作一个不可或缺的重要环节。著名心理学家奥苏伯尔（D. P. Ausubel）在其代表性著作《教育心理学》的序言中写道："如果我不得不将教育心理学还原为一条原理的话，我将会说，影响学习的最重要的因素是学生已经知道了什么，我们应当根据学生原有的知识状况去进行教学。"[19]只有通过诊断性评价了解学生的需要和经验，才能确保教学的针对性、吸引力和有效性。但是很多教师在实践中并未对诊断性评价给以足够的重视。早在1971年，著名教育评价专家布卢姆（B. S. Bloom）及其合作者就分析指出："在一个新单元开始的时候，教师让所有的学生都从一个假想的'零点'一起起步。就是说，教师心照不宣地假定，没有哪个学生已经掌握计划好的任何一项目标，但所有学生都具有开始学习该单元所必需的认知、情感和动作方面的先决条件。"[20](116)

耐人寻味的是，评价专家在20世纪70年代所描述的问题在当前教育实践中仍然较为普遍地存在着。很多教师不进行诊断性评价，或者只是依赖个人经验对学情进行主观分析,教学缺乏针对性,也没有吸引力。

有一位高中语文教师主讲《守财奴》一课,她设定的教学目标是:(1)理解运用细节描述刻画人物性格的写法;(2)通过语言描写和行为描写把握人物性格,提高分析人物形象的能力;(3)认识资产阶级贪婪、吝啬、自私的本质。《守财奴》一文节选自巴尔扎克的代表作《欧也妮·葛朗台》,文章塑造了一个性格鲜明的吝啬鬼形象,应该说,高中学生只要通读全文,就能基本理解文本的中心思想,概括出人物特点,并能找出刻画人物的各种细节。因为,学生们从小学阶段就开始知道描写人物要通过细节,他们学习记叙文时经常在教师指导下寻找刻画人物的细节,学习用细节描写人物的方法。可在这节课中,教师仍然用绝大多数时间让学生逐个分析细节。学生们参与得还算积极,但如果不是公开课,情形就可能完全不一样。这位教师如果有诊断性评价,了解学生已经知道什么、能做什么及想知道什么,以学定教,那么教学目标可能不这样界定,她可能会提高教学难度,将教学重点由知识与理解层次转向欣赏和探究层次。

近些年来,随着课程改革的深入推进,以学习者为中心、以学定教的理念逐渐被越来越多的教师所接受,许多教师在观念上意识到诊断性评价的重要意义,但在行动上却只是在走形式。比如,有一位中学生物教师在讲《软体动物》时,先进行了诊断性评价。

"同学们,今天我们讲软体动物。关于软体动物,你们想知道什么?"教师开门见山,先宣布教学内容,然后询问学生有什么疑问。

"老师,我想知道软体动物有什么特点?"一个学生答道。

第二个学生接着说:"老师,我想知道软体动物有什么经济价值?"

"老师,我想知道软体动物和人类生活有什么关系?"又一个学生说。

"好,今天咱们就重点讲这些内容。"教师说。

这位生物教师表面上在做诊断性评价,先问学生想知道什么,使自己的教学做到以学定教。但真实情况是,学生们声称想知道的三个问题刚好是教师课前布置的预习题,学生们经过预习,已经知道三个问题的答案,可他们还是配合教师,假装自己想知道这些问题,"给老师一个机会"。这样的课,看上去有诊断性评价，但实际上只是在走形式，学生到底已经知道什么和想知道什么，教师并不知道。更可怕的是，在这样的教学中，学生习惯了配合教师，总是说教师想让他们说的话，其主体性慢慢地被销蚀，"让学生成为学习的主人"、"把45分钟课堂还给学生"等口号也只能落空。

好的诊断性评价应该对学生教学前的状况进行全面、客观的分析。

全面主要体现在诊断内容上，教师需要分析的学情主要包括但不局限于以下几个方面：（1）知识。学生是否掌握了学习新知所需要的前提性知识？学生是否已经通过自学或其他途径掌握了新知？掌握了多少？程度如何？（2）疑问。关于要学习的新内容，学生有什么疑问？哪些疑问可以成为教学的重点？哪些可以让学生通过自学或同伴合作解决？（3）经验。关于新课所涉及内容，学生有什么生活经验？是否缺乏某些重要的经验？如何补充这些经验上的不足？（4）兴趣。学生是否会对将学习的新知感兴趣？感兴趣和不感兴趣的都有什么？如果不感兴趣，教师要怎么做才能激发学生兴趣？（5）潜力。学生的认知能力如何？学生能否掌握新知？什么样的教学节奏更合适？是否要为学生提供更多的支架？

客观则主要体现在诊断方法上，教师必须通过收集实证数据对学生的现状进行评价，而不是主观猜测。诊断性评价中收集信息的方法主要有但不局限于以下几种：（1）测验。教师可以设计与实施一次课前测验，客观评价学生的知识水平和认知潜力。（2）问卷。教师可以在课前发放问卷，了解学生的兴趣、经验和疑问等。（3）访谈。教师可以与部分学生通过正式或非正式的访谈来了解学情。（4）资料分析。教师可以对学生以前的作业、作品及有关资料进行分析，了解学生的基础和现状。（5）观察。教师可以对学生在之前课堂上的表现进行观察，了解学生的经验、兴趣、潜力等。

当然，在教学实践中，是不是每一个单元、每一节课，教师都要严格采用各种实证方法收集数据，对学情做细致的诊断性评价呢？答案是否定的。教师的时间和精力有限，这样做不太可能，也没有必要。在研讨课中，上课教师和同事确实要深入开展诊断性评价，校准学情，以学定教。而在日常教学中，教师只要有意识地做好课堂观察和作业分析，加上一些非正式的访谈，也可以比较准确地诊断学情，使教学更有针对性。

形成性评价

形成性评价指在教学实施过程中教师对学生学习情况所进行的评价,又称过程性评价。它即时、多次、动态地发生在教学过程中,旨在发现教学过程中存在的具体问题,并及时调整和解决,以追求最佳的效率和效果。形成性评价关注过程,是改善学生学习、促进学生发展的重要手段。

许多学者曾对形成性评价的价值进行过深入分析,[21-23]指出形成性评价对学习改进具有实质性的积极促进作用,主要体现在以下几方面:(1)导向。告诉学生什么是最重要的以及哪些需要重点学习,使其将精力集中在重要的目标方面。(2)诊断。分析学生达成目标的程度,识别学生表现中的优势与不足,判定学生是否为后续学习奠定了必要的基础。(3)反馈。让教师和学生都知道学生的成就水平,为教与学的改进提供依据。(4)强化。给学生提供机会去练习某些技能和巩固学习成果。(5)激励。欣赏学生所取得的成绩和进步,激发学生成就动机,培养自信心和自我效能感。(6)改进。基于形成性评价的反馈意见,教师改进教的策略和安排,学生也改进学的策略、技能和安排。(7)长远发展。学生基于持续的形成性评价意见,形成个人发展预期和规划,从而影响其后续课程选择乃至生涯设计。

有些研究者还通过准实验研究证实形成性评价对学生学习成就的影响。1991年,美国学者邦吉特庄斯(R. L. Bangert-Drowns)等人对29项有关准实验研究进行元分析,探讨在一学期内教师开展形成性测验的次数与学生学习成就改善之间的关系,结果(参见表1-2)发现[24]:(1)形成性测验从无到有,对学生学习成就产生的影响很大,效果量①为0.34,使实验组学生学习成就百分等级提升了13.5;(2)形成性测验的频率与学习成就改善幅度有显著相关,在一个学期中教师实施形成性测验的次数越多,学生学习成就水平提高得越多。(3)当形成性评价的频率增加到一定水平,其效果量的增长会减速。豪斯奈克(J. P. Hausknecht)等人于2007年对107项有关准实验研究进

---

① 效果量(effective size)通常用 d 表示,它的计算方法是用实验组平均数和对照组平均数的差除以对照组标准差。效果量是一个不依赖样本大小,能客观反映自变量和因变量关联强度的指标。

行元分析，也发现了相似的结果，这些研究的平均效果量达到 0.26，学习成就水平提高了 10 个百分等级。[25] 由此可见，有效的形成性评价可以促进教学目标的达成及教学效率的提升。

表 1-2　形成性测验频率与学习成就的关系

15 周内形成性测验的次数	效果量	百分等级提高程度
0	0.00	0.0
1	0.34	13.5
5	0.53	20.0
10	0.60	22.5
15	0.66	24.5
20	0.71	26.0
25	0.78	28.5
30	0.80	29.0

也正是因为如此，形成性评价在本轮基础教育课程改革中受到前所未有的重视。教育部于 2001 年和 2011 年颁布的两稿各学科课程标准，几乎都在"评价建议"部分强调发展性评价理念，倡导教师在学习评价实践中加强形成性评价。比如，《义务教育语文课程标准（2011 年版）》指出，"形成性评价关注学习过程，有利于及时揭示问题、及时反馈、及时改进教与学活动"，教师"应加强形成性评价，注意收集、积累能够反映学生语文学习与发展的材料"。[26](26) 又如，《义务教育英语课程标准（2011 年版）》强调，形成性评价的核心"是通过不同形式的反馈给学生提供具体的帮助和指导"，"教师应根据实际课堂教学目标，采取有效的信息收集和反馈方式，及时观察和了解学生的学习进程和学习困难，把握课堂教学目标的落实，为下一步调整教学目标、改进教学方法、提高教学效率提供依据"。[27](36)

自新课程实施以来，中小学教师在形成性评价方面进行了大量相关探索，取得了很多有益的经验。但必须承认的是，由于各种主客观原因，有些教师对形成性评价的认识尚存在模糊甚至偏颇之处，在实践环节出现了一些亟待关注的问题，限制了形成性评价关注过程、促进发展的功能的发挥。

最常见的一种误解是：有些教师认为，只要把学生在学习过程中的平时作业成绩记录下来，并将其折合成较高比例算入最终分数，就是重视形成性评价。[28] 在这种情况下，教师关注的其实还是学生的分数和等级，是学生学习的阶段性结果，而不是学习过程本身的分析与改进。学生在学习过程中，或者说在追求目标达成的过程中究竟有哪些优势与不足，教师怎样针对这些过程性特点对教学活动予以调整，教师并不知道，因而通过形成性评价改进教与学的初衷也就无从实现。

布卢姆等人曾经用恒温器和寒暑表来类比形成性评价和终结性评价的区别，并在比较中阐释形成性评价的本质。[29](230) 他们分析道，"寒暑表可能是十分精确的，然而除了记示或测示室温之外，它对室温起不了什么作用。对比之下，恒温器根据与既定标准温度的关系来记示室温，其后随即制定各种改正程序（即打开或者关闭火炉或者空调机），直到室温达到既定的标准温度为止。因此，寒暑表只能提供信息，而恒温器却能提供反馈与各种改正办法，直到室温达到所需要的温度为止。"终结性评价就像寒暑表，是对学习结果的评价；而形成性评价是恒温器，是为了改进的评价，它在评判学习有效性的同时对教与学进行及时调整，以确保过程的有效性，促进目标的最终达成。

形成性评价的本质特点是评价所收集的信息主要用于改进。形成性评价不能简单等同于平时分数记录簿。教师只有把握形成性评价的本质特点，对平时作业和测验进行深入分析，考查学生学习的过程，既看到学生所取得的成就和进展，又客观识别学生距离目标的差距和不足，并在分析原因的基础上改进教与学，才能真正发挥形成性评价所应有的作用。[29](259-260) 从这一意义上而言，形成性评价的手段可以多样化，除了平时作业和小测验，课堂提问、师生互动、小组讨论、听写等都可以作为教师评价学生学习，反思自身教学的依据。

终结性评价

终结性评价指在某项计划或方案结束后对其最终结果进行的评价。它重视最终的结果，是事后的检验，因此主要依据事先设定的目标来进行评价。一个单元的教学结束了，教师进行单元测验对学生学习效果进行验收，或者一个学期的教学结束了,教师进行期末考试来分析学生达成学期目标的程度,这都是终结性评价。

当然,终结性评价与形成性评价的区别是相对的,单元测验相对于这个单元的教学来说是终结性评价,但相对于整个学期的教学来说又是形成性评价。通常情况下,人们将某个持续时间较长且相对独立的教学单元结束后进行的、用以考查最终学习成效的评价称为终结性评价。单元测验、模块测验、学科测试、期末考试和毕业考试都属于典型的终结性评价。

终结性评价与形成性评价的区别还体现在它们所发挥的功能上。如前文所述,布卢姆等人曾把终结性评价比喻成寒暑表,把形成性评价比喻成恒温器,形象地描述了两者在功能上的差异。同样是在一个单元教学结束后进行的测验,如果教师的主要目的是考查学生的学习成果,评判学生达成目标的程度,给每个学生评定一个成绩,那么这个测验是终结性评价;如果教师的主要目的是分析学生单元学习中的得失,以便发现学生在哪些地方学得不好,并计划在测验结束后开展补救性教学,那么这个测验则是形成性评价。

作为教学后对学习成效进行评定的终结性评价,从性质上来看,主要属于标准参照测验。它通常严格依照课程标准、教学大纲,或某个客观标准编制测验任务,考查学生达成这个标准的程度。值得注意的是,课程标准通常在学段水平上界定学习目标,比如义务教育阶段语文学科分 1~2、3~4、5~6 和 7~9 年级等四个学段界定目标,而义务教育阶段数学学科分 1~3、4~6 和 7~9 年级等三个学段界定目标。那么,教师在学段没结束时的某个时间点(如 5 年级上学期期末)编制终结性测验(如 5 年级上学期数学期末试卷),就需要在课程标准框架下结合学校课程规划、教材要求及个人经验确定本校学生的考核标准,并据此命题和实施测评。

从这一意义来讲,终结性评价所参照的标准并不是完全客观的。即便所有教师都认可某一成文的课程标准和阶段性学习目标,不同教师对标准的理解也不会完全相同。那么,依据不同理解所编制的测验在内容和难度上就会有很大的差别。比如,《义务教育数学课程标准(2011 年版)》规定,4~6 学段学生要掌握三角形面积计算公式,并能解决简单的实际问题,[30](23-24) 某校在 5 年级上学期期末考试中出了这样一道题。

一个三角形,底 15 厘米,高 8 厘米,求它的面积。

而另一所学校出的题目则有很大不同。

一个三角形，三条边分别长 25、15、20 厘米，三条高之中最短的长 12 厘米，它的面积是（　　）平方厘米。其他两条高分别长（　　）厘米和（　　）厘米。

同样是期末终结性评价，两校题目的差别不仅体现在测验内容上，而且体现在题目难度上。前者仅考查学生是否知道三角形求面积公式并予以简单应用；而后者不仅考查学生是否掌握三角形求面积公式，而且考查学生是否懂得三角形不同的底和相应的高相乘除以 2，都可以求得面积大小的道理。两个题目都是依据课程标准命制，都没有超出教学大纲，但难度却有很大差异。

到底终结性评价设定多大的难度合适，怎样确定终结性评价的合格标准，一套题目学生达到多少分才能算合格，成为教育者需要解决的一个难题。

从理论上来看，学生在终结性测验中的得分是一个连续体，不同的分数标定了每个学生达成目标的程度，我们可以用"学生掌握了测验内容的百分之多少"来解释学生的分数。但是在实践中，分数分界点在终结性评价中却是不可回避的问题。每一个终结性测验结束，评价者都需要回答多少学生合格或不合格，不合格的学生需要补考或重修。这个分界点的确定，直接决定了最终决策的合理性。

在我国，教师习惯于以 60 分为分界点，60 分以下确定为不合格，也就是说一个学生只有掌握超过 60% 以上的测验内容才算合格。这种方法受题目难度的影响很大。目前，在国际上确定合格标准最常用的方法是安戈夫法。这种方法由评委专家对题目进行审阅之后，给出每道题目上临界水平考生正确作答的概率估计；然后把每个评委在每个题目上的概率估计进行加和，求平均值，即得到专家组认定的合格表现标准。计算公式如下：

$$\lambda = \Sigma F_i P_i \qquad \text{（公式 1-1）}$$

式中：λ 表示测验合格分数的分界点；F_i 表示第 i 题的满分；P_i 表示由专家判断处于临界水平的学生在第 i 题上正确作答的可能性。

举例来说，某个终结性测验由 6 道大题构成，每个大题又分别包含 3~10

个小题。5 个专家被邀请对临界水平学生在各题目上的正答率进行估计，经计算得出这一测验的合格分数分界点为 64.47 分，参见表 1-3。

表 1-3　安戈夫法确定合格分数分界点示例

题目序号	满分	专家判断临界水平学生在各题上的正答率（%）					正答率平均值	满分乘以正答率平均值
		甲	乙	丙	丁	戊		
1	14	90	85	85	90	85	87.00	12.18
2	16	65	63	60	65	68	64.20	10.27
3	18	60	55	60	55	60	58.20	10.44
4	20	35	30	33	38	35	34.20	6.84
5	17	75	70	75	75	70	73.00	12.41
6	15	80	75	85	83	88	82.20	12.33
总分	100						分界点	64.47

人们在使用安戈夫方法时，通常还鼓励专家之间的讨论，使用多轮评定法。调整后的安戈夫法整合了德尔菲法，一轮专家评定结束后，评定小组会找出差异较大的数值进行讨论，再进入下一轮评定，直到能达成比较一致的判断为止。

为什么重视测验与评价

教师是课程实践的主体，他们是否掌握有效教学的各种技能，能否在教学中合理应用测验与评价，是影响教学质量的关键。在师范教育和教师职后教育体系中，我国十分重视教学技能培训，却未对评价技能给以应有的重视。教师只有主动学习教育评价基本理论，掌握测验编制和分析技术，才能让教学与评价相辅相成，相互促进。

新课程呼唤评价改革

我国正在进行中的第八轮基础教育课程改革即新课程启动于2001年。这是一次综合性的课程改革，它试图从课程功能、内容、实施方式等多个方面发动变革，构建符合素质教育要求的新的基础教育课程体系。[31] 在功能上，新课程主张"改变课程过于注重知识传授的倾向，强调形成积极主动的学习态度，使获得基础知识与基本技能的过程同时成为学会学习和形成正确价值观的过程"；在内容上，新课程要求"加强课程内容与学生生活以及现代社会和科技发展的联系，关注学生的学习兴趣和经验，精选终身学习必备的基础知识和技能"；在实施方式上，新课程反对课程实施过于强调接受学习、死记硬背、机械训练的现状，"倡导学生主动参与、乐于探究、勤于动手，培养学生搜集和处理信息的能力、获取新知识的能力、分析和解决问题的能力以及交流与合作的能力"。

新课程呼唤与之相适应的评价改革，《基础教育课程改革纲要（试行）》进一步指出，我们要"改变课程评价过分强调甄别与选拔的功能，发挥评价促进学生发展、教师提高和改进教学实践的功能"。[31] 中小学教师要全面领会课改精神，深入理解和贯彻发展性评价新理念，并将其落实到具体的教育实践之中。核心要求如下：[32-33]（1）改变过去过分强调甄别与选拔的做法，将评价功能定位于促进学生的学以及教师的教，充分发挥评价的发展性功能。（2）评价内容多元化，既要重视"知识与技能"的掌握，又要重视其他能力与特质的评价，尤其要加强探究与创新能力、合作能力、实践能力等方面的评价。（3）重视学生在评价过程中的主体地位，改变单一由教师评价学生的状况，使学生评价成为教师、学生、家长共同积极参与的交互活动，实现评价主体的多元化。（4）改变将考试作为唯一评价手段、过分注重分数的做法，积极探索表现性评价、成长记录袋等新兴评价方式，提高评价的有效性与可靠性。（5）不仅要注重结果，更要注重发展和变化过程，把终结性评价与形成性评价有机地结合起来。

有效教学需要评价的支持

评价是教学过程不可或缺的组成部分，是教学质量保障体系中的重要一环。教学和评价之间是不断互动和促进的关系，在教学的各个阶段和环节教师都要开展评价。在教学前评价学生的起点和需求，使教学更有针对性；在教学过程中评价学生在学习中的点滴进展，发现优势与不足，并对不足予以及时的补救；在教学结束后再从整体上评价学生的达标程度，分析教师的教学成效。教学与评价"你中有我"，"我中有你"，相互联系，相互促进。归结起来，评价在教学中的意义主要体现在如下几方面。

对教师的教与学生的学发挥导向作用

评价是对学生发展变化达成既定目标程度的评判，所有的评价活动必须从目标界定开始，而且要操作化地界定目标，这样教师才知道教什么及怎么教，学生也才知道学什么及怎么学。评价是"指挥棒"，对教学具有导向作用。2013年底，北京市在新公布的高考改革方案中强调各学科要加强表现性评价，突出学科的应用性，使评价与学生生活及现代社会联系起来，考查学生在真实情境中分析和解决问题的能力。随着改革的推进，2014年以来的中高考命题发生了很大的变化，联系实践的表现性评价类题目数量增加了。于是，从高中到初中，一直到小学，实践课受到广泛关注，许多学校都在探讨如何将学科教学与实践更紧密地结合，以有效提升学生的实践能力。这就是评价导向作用的一种体现。人们经常批评"应试教育"，但如果师生所应对的考试是合适的，导向是正确的，这种积极的"应试"其实正是我们所追求的。

分析学生的学习需要，使教学更有针对性

因材施教是教学的基本原则，是确保教学有效性的前提。教师在教学设计之前不仅要分析课标和教材，更要分析学情。学生在课前已经知道什么，想知道什么，应该知道却不知道的又是什么，教师对此要作深入的分析，以明确学生的学习需要及教学重难点。这种诊断性评价要客观、深入。凭主观经验，或者基于与个别学生的谈话来分析学生学习需要，评价的准确性与可靠性不足。必要时教师要使用正式的课前诊断和调查，了解学生的学习水平和学习兴趣，并据此设计和修改教学计划，使之更有针对性。

诊断学生的优势与不足，为教学提供反馈

教师的教学能力有高有低，学生个体间的差异也很大，所以教学进行一段时间之后，学生的学习进展各不相同。多少学生达成目标？多少没有完全达标？部分达成是达成了哪些目标？有哪些没有达成？教师要通过正式和非正式的评价对此予以确认，并及时反馈给学生，这样学生才能及时调整自己的学习活动。如果某个学生已经掌握了全等三角形证明的技能，就不需要再重复做有关的练习；相反，如果他尚未掌握证明三角形全等的各种条件，他需要重读教材，或者教师要为他多讲解几个例题。无论是教学的节奏，还是教学的方式，都需要根据学生的学习进展而有所调整。评价提供了一种从反馈到改进的调整机制，有助于优化教学，以适应每一个个体和群体的需要。

评价学生学习成效与教师教学绩效

教学是否有效，关键看学生学习的最终成效。通过评价，不仅可以考查学生达成既定目标的程度，而且可以衡量教师的教学绩效。很多人反对用学生成绩作为教师评价的唯一依据。因为学生成绩的取得受到多种因素的复杂影响，学生个人的学习基础、接受能力与努力程度，以及学生家庭的文化氛围与教育投入等都在不同程度上影响学生的表现，学生学得不好，不一定是因为教师教得不好。但是想想看，如果在评价教师工作绩效时完全不考虑学生成绩，那么教师的工作也就难以问责，教学有效性自然也就无法保证。所以，对学生学习表现的评价还是应该作为教师绩效评价的重要依据之一，只是不能作为唯一依据。目前，有些国家开始尝试采用增值性评价，在控制学生前期成绩、家庭社会经济地位等变量的情况下，考查学生学习成绩增值的幅度，并进而分析教师教学对学生发展的净影响[34]，这不失为一种可取的做法。

教师要成为评价专家

教师需要具备多样化的能力。培训、绩效、教学标准国际委员会（the Internet Board of Standards for Training, Performance and Instruction, IBSTPI）将优秀教师应具备的能力分为5个维度，分别是"专业基础"、"计划与准备"、"教学方法与策略"、"评价"、"教学管理"。[35](18-23)"评价"是其中一个重要维度，又可以分为两项能力，分别是"评价学习和表现"、"评价教学效果"。

优秀的教师不能只会教，不会评，"评价"是教师专业能力中的重要成分。对学生学的评价可以帮助教师和学生了解学习进展，了解在某一具体的学习任务中，哪些学生还需要额外的辅导才能开始后续学习；而对教师教的评价，则能对教学活动进行诊断，总结成功经验并发现亟待改进的问题，从而推动教学改进。教师只有重视评价，且会有效地开展评价，教师才能成长为真正的专家型教师。在我们身边，有些教师对于"教"颇有自信，经常到兄弟学校去"做课"，但谈起评价却知之不多，甚至对某些重要概念（如效度）还存在误解。一个不会评价的教师，怎么能客观评判自己教学的有效性呢？又何以成长为专家型教师呢？

优秀教师既要研究教学，又要研究评价；既应是一名教学专家，又应是一名评价专家。那么，专家型教师在评价方面究竟应知应会哪些具体技能呢？

IBSTPI 从 5 个方面界定"评价学习和表现"能力，分别是：（1）针对评价标准进行交流；（2）监测个人和小组表现；（3）评价学生态度情感和反应；（4）评价学习结果；（5）提供自我评价机会。[35](43)优秀的教师在学习开始时就会向学生介绍学习目标及评价学习的标准，使学生明确学习目标，带着目标去学习。优秀的教师还善于根据学习目标设计、选择和使用相应的评价工具去评价学生的学习进展。更重要的是，这种评价不仅关注学习的最终结果，而且强调学生学习的情感态度；不仅关注每一个独立个体的表现，而且强调个体在小组中的贡献及整个小组共同分担责任，沟通合作，为同一目标努力工作的效果；不仅关注教师对学生学的评价，而且强调学生对自我的评价与反思，以提高学生的自我反思与自我监控能力，促进学生的可持续发展。

关于"评价教学效果"能力，IBSTPI 也提出了 5 个具体的技能，分别是：（1）评价教学材料；（2）评价教学方法和学习活动；（3）评价教师表现；（4）评价教学环境和设备的影响；（5）记录与分析评价数据。[35](44)教学材料、教学方法、教师能力及教学设备设施是影响教学有效性的关键因素，它们形成了一个相互关联、相互影响的系统，其中任何一个因素出现问题都会影响整体的教学效果。优秀的教师在教学过程中及教学结束后，都会对这些因素进行评价与反思，并采用合适的方式予以调整和补救。但是，"当局者迷，旁观者清"，让教师上完课后就对自己的教学进行客观分析，在情感和技术上都存在一定的困难。提高教师自评能力的最好方法是先去听评他人的课，能客观、深入地评价他人的教学，慢慢地就会批判性评价自己的教学了。当教师将自己评价教学的数据记录下来，并经常进行回顾与分析，就会清晰地发现自己教学中的优势与不足，从而明确未来的发展方向和改进策略，教学能力和教学成效也会不断提升。

进一步分析发现，IBSTPI 提出的教师应具备的评价技能，与我国正在推进中的新课程在理念上不谋而合。中小学和教师培训机构要有计划地开设相应课程，帮助教师掌握相应理念、知识和技能。每一个教师也要有意识地加强学习，朝评价专家努力，将评价与教学有机整合在一起，使之相互促进，相互支持。只有这样，教师才能成长为一名真正的专家型教师，其教学有效性才能真正获得有力的保障。

参考文献

[1][以色列]内伏.教育评价概念的形成:对文献的分析评论[A]//瞿葆奎主编,陈玉琨、赵永年选编.教育学文集第16卷教育评价[C].北京:人民教育出版社,1989.

[2]李聪明.教育评价的理论与方法[M].台湾幼狮书店,1961.

[3]Cronbach, L. J. 以评估改进课程[A]//Stufflebeam, D. L.等编著.苏锦丽等译.评估模型[M].北京:北京大学出版社,2007.

[4]Scriven, M. Evaluation as a discipline[J]. Studies in Educational Evaluation, 1994, 20: 147—166.

[5]程书肖.教育评价方法技术[M].北京:北京师范大学出版社,2004.

[6]戴海崎,张锋,陈雪枫.心理与教育测量(修订本)[M].广州:暨南大学出版社,2007.

[7][美]萨克斯.教育和心理的测量与评价原理[M].王昌海等译.南京:江苏教育出版社,2002.

[8][美]Linn R. L., Gronlund N. E.教学中的测验与评价[M].国家基础教育课程改革"促进教师发展与学生成长的评价研究"项目组译.北京:中国轻工业出版社,2003.

[9][美]古斯基.教师专业发展评价[M].方乐等译.北京:中国轻工业出版社,2005.

[10][美]席勒.引言[A]//[美]泰勒.变化中的教育评价概念[M].汪世清等译.合肥:安徽教育出版社,1989.

[11]Stufflebeam, D. L. The relevance of the CIPP evaluation model for educational accountability[J]. Journal of research and development in education. 1971, 5(1): 19—25.

[12]Stufflebeam, D. L. Evaluation as enlightenment for decision making[A]//A. Walcott(Ed.), Improving educational assessment and an inventory of measures of affective behavior[C]. Washington, DC: Association for Supervision and Curriculum Development, 1969.

[13]Stufflebeam, D. L. The CIPP Model for Evaluation[A]//Madaus, G. F. et.al.

Evaluation Models: Viewpoints on Educational and Human Services Evaluation (2nd edition)[M]. Berlin: Springer, 2011.

[14][美]斯塔弗尔比姆. 方案评价的 CIPP 模式[A]// 瞿葆奎主编, 陈玉琨、赵永年选编. 教育学文集第 16 卷教育评价[C]. 北京: 人民教育出版社, 1989.

[15] Scriven, M. Pros and cons about goal-free evaluation[J]. Evaluation Comment, 1972, 3(4): 1—7.

[16][美]麦西克. 目的游离评价[A]// 瞿葆奎主编, 陈玉琨、赵永年选编. 教育学文集第 16 卷教育评价[C]. 北京: 人民教育出版社, 1989.

[17] Stake R. E. The countenance of educational evaluation[EB/OL]. http://education.illinois.edu/CIRCE/Publications/Countenance.pdf, 2013-06-05.

[18]张民选. 回应、协商与共同建构——"第四代评价理论"评述[J]. 外国教育资料, 1995(3): 53—59.

[19]奥苏伯尔. 教育心理学: 认知观点[M]. 任夫松译. 北京: 人民教育出版社, 1978: 序言.

[20] Bloom B. S., Madaus G. F., Hastings J. T. Evaluation to improve learning[M]. New Youk: McGraw-Hill, 1971.

[21] Crooks T. J. The impact of classroom evaluation practices on students[J]. Review of Educational Research, 1988, 58: 438—481.

[22] Sadler D.R. Formative assessment and the design of instructional systems[J]. Instructional Science, 1989, 18(2): 119—144.

[23] Black P, Wiliam D. Assessment and classroom learning[J]. Assessment in Education, 1998, 5(1): 7—74.

[24]Bangert-Drowns R.L., Kulik J.A. Kulik C.C. Effects of Frequent Classroom Testing[J]. The Journal of Educational Research, 1991, 85(2): 89—99.

[25] Hausknecht J. P. et.al. Retesting in selection: A meta-analysis of coaching and practice effects for tests of cognitive ability[J]. Journal of Applied Psychology, 2007, 92(2): 373—385.

[26]中华人民共和国教育部. 义务教育语文课程标准(2011 年版)[S]. 北京: 北京师范大学出版社, 2011.

［27］中华人民共和国教育部.义务教育英语课程标准（2011年版）［S］.北京：北京师范大学出版社，2011.

［28］赵德成.教学中的形成性评价：是什么及如何推进［J］.教育科学研究，2013（3）：47—51.

［29］［美］布卢姆等.教育评价［M］.邱渊等译.上海：华东师范大学出版社，1981.

［30］中华人民共和国教育部.义务教育数学课程标准（2011年版）［S］.北京：北京师范大学出版社，2011.

［31］教育部.基础教育课程改革纲要（试行）（教基［2001］17号）［Z/EB/OL］.http://baike.baidu.com/view/6195568.htm，2011-07-29/2014-12-5.

［32］赵德成，徐芬.当前评价改革中应注意的问题［J］.语文建设，2002（2）：42—43.

［33］董奇，赵德成.发展性教育评价的理论与实践［J］.中国教育学刊，2003（8）：18—21.

［34］边玉芳，孙丽萍.教师增值性评价的进展及在我国应用的建议［J］.教师教育研究，2015（1）：88—95.

［35］［美］Klein J. D.等.教师能力标准：面对面、在线及混合情境［M］.顾小清译.上海：华东师范大学出版社，2007.

如何设计测验与评价

第2章

每一位教师在读书期间都经历过无数次的测验与评价，自己成为教师之后也在教学实践中经常实施测验与评价。但熟悉测验与评价并不意味着教师就能科学、合理地使用它，用好它。测验与评价需要精心设计。只有教师以严谨的态度设计或选编测验，确保测验的准确性和有效性，测验才能为教学提供有价值的信息。

一般来说，设计测验与评价要遵循5个步骤:(1)明确测验的目的;(2)编制测验细目表;(3)选择合适的评价任务类型;(4)设计具体的评价任务;(5)汇编测验。

概　览

1. 测验与评价的设计从明确目的开始。测评的常见目的有学情分析、教学改进、达标验收、评比与选拔等几种情况。目的不同，测评在内容、任务类型、难度及实施时间等诸方面都会有所差异。

2. 无论教师出于何种目的使用测验与评价，最后都要基于学生在测验中的表现对学生的学习和发展做出推论，所以每一个测验都必须保证能测到自己想测的东西，题目能代表预测的范围，要确保测验的内容效度。

3. 测验细目表描绘了测验内容的范围和构成，是测验设计的蓝图。目前，我国很多地市在大规模考试中都编制细目表，但尚存在如下亟待关注的问题：（1）细目表不够细；（2）对教学目标的分析不够深入；（3）不能体现学科特点；（4）对当前评价与考试改革的趋势呼应不够。

4. 评价任务可分为客观题与主观题两类。客观题要求学生在各种选项中选择正确答案，容易实施，且如果精心设计，也能考查学生的复杂成就。主观题的反应开放，评分具有主观性，但这种主观性可以通过多种举措予以有效控制。

5. 设计评价任务的基本要求是确保题目的结构效度，即题目要能激发出预期学习成果所描述的表现，能有效评判学生达成预期目标的程度。

6. 设计评价任务的一般性建议还有：（1）清楚地表述每道题目和评价任务；（2）题目要适合学生的阅读水平；（3）题目表述不能包含民族、种族、性别或城乡偏见；（4）避免题目中的无意线索；（5）确保每道题目的答案或评分细则没有争议；（6）编写题目和任务的数量要多于最终测验实际使用的数量；（7）注重对测验题目的检查与修改。

明确测验与评价的目的

测验与评价的设计从明确目的开始。为什么要设计测验与评价？用测评所收集的信息做什么？这是教师在设计测验前首先需要回答的问题。如果目的不同，测评在内容、任务类型、难度及实施时间等诸方面都会有所差异。常见的测评目的主要有学情分析、教学改进、评比与选拔等几种情况。

学情分析

如果使用测验与评价的目的是考查学生的学习准备状态，分析教学计划是否适合特定的学生群体，那么测验与评价不仅要分析学生是否已经提前学习了教师要讲的新知，是否了解要学习的内容，而且要关注学生是否具备学习新知所必需的前提性知识。这种测评一般安排在一门课、一个单元，或者一节课教学正式开始之前，一般持续时间不长，难度也不大。测评有时候面向全体教育对象实施，有时候也可以选择一个有代表性的小样本实施。

选择一个小样本施测，不仅是为了削减测验成本，更重要的是为客观分析教学成效提供基线数据。没有基线数据的教学成效分析，有时候不能提供令人信服的结论。然而，如果诊断性测验面向全体学生，教学后检测教学成果的测验也面向全体学生，两个测验就不能一模一样，教师需要编制两个具体题目不同，但题目内容、数量、形式、难度、时限等都相同或相似的平行测验，这无形中增加了测验设计的难度。所以，我们在指导学校开展教学成效分析时，在教学前面向随机抽取的半数学生实施诊断性评价，了解学生的基线水平，而在教学后面向另一半学生实施验收测验，诊断性评价和验收测验中用来评价教学目标掌握程度的题目完全相同。测验完毕后，教师就可以通过前后测成绩的比较考查教学成效，分析教学究竟使学生学到了什么。

教学改进

如果使用测验与评价的目的是为了监测学生学习进展、检查学习中的错误，并为学生和教师提供及时反馈，以不断改进学与教，也就是说教师将测评用于形成性目的，那么测验与评价的题量一般不大，通常选择少数重要的知识点或容易出错的知识点编题，题目形式灵活多样，可能是选择题或判断题，也可能是简答题或论述题，还可能是需要小组合作完成的表现性任务。任务难度随不同教学内容而变化。形成性测评随时、动态地发生在教学过程中，为教学改进提供依据。

值得注意的是，形成性评价的这种改进作用不是自然发生的，需要教师精心的设计与合理的应用。以课堂提问为例，每个教师都在教学中经常使用它，但课堂观察发现，不少教师在课上几乎不提问不举手的学生。有人说，学生不想在课上发言，教师要尊重学生，不能强求学生发言。这种说法有一定的道理，但想想看，如果一个学生不想发言，教师就允许他从不在课上发言，听之任之，他可能长期游离在课堂之外，学习效果可想而知。对于不想发言的学生，教师也要在充分尊重和沟通的基础上鼓励、引导他参与课堂互动。更重要的是，提问不仅是课堂管理的手段，还是形成性评价的重要方式，如果教师仅提问举手的学生，那么那些没有举手的学生是否掌握特定的学习目标，教师不得而知，教学改进的针对性与有效性也就无从保障。

达标验收

在一个教学阶段（如一个单元或一节课）结束时，教师通常关心学生到底学得怎么样，是否达成了预期的学习目标。如果教师为了达标验收而使用测验，那么测验的题目要依照教学目标设计，题目样本要较好地代表欲测评的目标范围。题目的难度一般没有特别要求，特别容易或特别难的题目，只要在教学目标范围之内，是教学的重点，都可以出现在测验中。验收测验是终结性评价，可以给学生进行成绩评定，或者作为评价教师工作绩效的依据。验收测验还可以向学生提供及时反馈，激励他们从事更有挑战性的学习。所以说，达标验收兼具终结性评价和形成性评价的功能。

评比与选拔

尽管当前教育评价改革的基本理念是淡化甄别与选拔，但事实上评比与选拔在教学实践中有时也是必要的。教师为了激励学生学习的积极性，可以将一个学生的表现与其他学生进行比较；学生为了明确自己的优势与不足，或者在中考前填报合适的志愿，也需要将自己的成绩与别人做比较。中高考的选拔更是不可避免。如果教师为了评比与选拔而使用测验，测验的内容要依据教学目标，但有时也可以不局限于此。比如，教师为了选拔数学学习特长的学生参加一个特别培养计划，那么测验题目可以适当向课程大纲之外延伸。与达标验收不同，选拔性测验的题目难度要加以控制，因为如果题目太难或太容易，鉴别力就会下降，就不能有效区分学生的水平。

表 2-1 对不同目的下的测验与评价进行了总结。当然，教学实践十分复杂，有时候教师使用测验的目的是复合的，需要教师复杂的思考和决策。

表 2-1　不同目的下的测验与评价

	学情分析	教学改进	达标验收	评比与选拔
测评重点	必需的前提性知识；教学目标	教学目标；容易出现的错误	教学目标	参考教学目标，但可适当拓展延伸
题目样本	一个有代表性的小样本	数量小	一个能代表目标范围的较大样本	代表预测范围
难度	难度不大	难度范围很广	依教学目标而定，不刻意控制难度	控制难度，使之具有一定的鉴别力
施测时间	教学开始前	教学过程中即时、动态地进行	教学结束后	根据需要而定
结果应用	补救前提性知识；分配学习小组；调整教学设计	及时反馈，用以改进学与教	评分；证明学习成就水平	激励先进，鞭策后进；选拔具有特定能力、兴趣或表现的学生

编制测验细目表

无论教师出于何种目的使用测验与评价,最后都要基于学生在测验中的表现来对学生的学习和发展做出推论,所以每一个测验都必须保证能测到自己想测的东西,题目能代表预测的范围,要确保测验的内容效度(内容效度是一个专业术语,第3章会对它进行专门讨论)。在教学中使用测验与评价,特别是带有达标验收性质的终结性评价,如单元测验、期末测验以及教育质量监测,一般要根据课程标准和教学目标编制测验细目表。

课程标准

课程标准是确定一定学段的课程水平及课程结构的纲领性文件,[1](280)是教材编写、教学、评价与考试命题的依据。2001年,国家基础教育课程改革将我国沿用已久的教学大纲改为课程标准,加强了课程管理的规范性。随着课改的逐步推进与深入,18个学科课程标准已于2011年由实验稿修订为正式版本,课程标准走进每一个教师的工作。

以义务教育语文课程标准(2011年版)为例,[2](5)它采用9年一贯制整体设计,在"总目标"之下按1~2年级、3~4年级、5~6年级和7~9年级四个学段,分别提出"学段目标与内容",体现了语文课程的整体性与阶段性。而各学段则从"识字与写字"、"阅读"、"写作(写话、习作)"、"口语交际"和"综合性学习"等五个领域提出本学段应达成的基本要求。第一学段(1~2年级)"阅读"领域的目标是这样描述的。[2](6)

(二)阅读

1.喜欢阅读,感受阅读的乐趣。养成爱护图书的习惯。

2. 学习用普通话正确、流利、有感情地朗读课文。学习默读。

3. 结合上下文和生活实际了解课文中词句的意思，在阅读中积累词语。借助读物中的图画阅读。

4. 阅读浅近的童话、寓言、故事，向往美好的情境，关心自然和生命，对感兴趣的人物和事件有自己的感受和想法，并乐于与人交流。

5. 朗诵儿歌、儿童诗和浅近的古诗，展开想象，获得初步的情感体验，感受语言的优美。

6. 认识课文中出现的常用标点符号。在阅读中体会句号、问号、感叹号所表达的不同语气。

7. 积累自己喜欢的成语和格言警句。背诵优秀诗文50篇（段）。课外阅读总量不少于5万字。

每个学科都在课程标准中明确列举了各学段应达成的基本要求，不仅有结果性目标，而且有体验性目标。教师要认真阅读所任教学科的课程标准，并经常参照课程标准评价反思自己的教学，确保所教学生能达成标准。

教学目标

课程标准在学段水平上界定学习要求，相对而言比较概括，教师在实践中还需要结合所使用的教材进一步明晰教学目标，要"以一种较特定的方式描述在单元或学程完成之后，学生应该能做（或生产）什么，或者学生应该具备哪些特征"。[3](17) 教学目标的表述必须操作化。只有将目标转化成明确的操作性定义，才能从目标着手，否则只能留下美好的希望或只是一些陈词滥调而已。

在表述教学目标时，很多教师经常使用一些语义模糊的语句。布卢姆曾举例如下：[3](31)

1. 学生具有……的知识。

2. 学生领会……

3. 学生批判性地思考有关……

4. 学生理解……

5. 学生对……表示欣赏。

6. 学生对……感兴趣。

7. 学生完全欣赏……

8. 学生掌握了……的意义。

9. 学生能够记忆……

10. 学生学会……

11. 学生重视……

12. 学生开阔了眼界。

13. 学生有效地工作。

14. 学生有效地讲话。

15. 学生正确地讲话。

16. 学生顺利地阅读。

17. 学生会使用基本技能。

这里，前12项目标表述中所使用的术语都是难以直接测评的，人们看不到"理解"和"记忆"，也触摸不到"批判性思考"。而后面5项目标似乎可以观察，但它们的表述却容易引发歧义。有效、正确与顺利的标准究竟是怎样的，每个人的理解可能差异很大，甚至人们对"基本技能"是什么也会有不同的看法。要充分发挥教学目标的导向作用，其表述需要字斟句酌，深入研究。

布卢姆是教育目标分类学研究的权威专家。他和同事于1956年将教学活动所要实现的整体目标分为认知、情意、动作技能三大领域，并从实现各个领域的最终目标出发，确定了一系列目标序列。当然，将目标分为三个领域并不意味着不同领域之间是完全独立的。比如，当一个学生讲话的时候，可能同时涉及了三个领域。如果教师关心的是语言组织的内容，他强调的是认知目标；如果教师关心的是透过语言所反映出来的兴趣和情感，那他强调的是情意目标；如果教师关心的是学生的表现形式（姿态、动作），那他涉及的是动作技能目标。因此，如果让教师在每个单元甚至每节课的教学计划中都将三方面目标分开表述，存在一定困难，教师可以侧重于最主要的一个目标领域来表述。

认知发展长期以来都是教学的重要目标，所以布卢姆等人对认知领域的教学目标进行了更为细致的描述和例释，将其分为识记、理解、运用、分析、综合和评价六个层次。[4](390-412)这一目标分类体系自发表以来，在美国乃至全世界产生了巨大的影响。为了更好地回应教育改革的需求，更加有效地指导教学与评价实践，这一分类体系也在不断地修订。最近一次大型修订是由安德森（Anderson L.）领衔的一个团队于2001年完成的。

与布卢姆等人原来的一维度分类不同，新修订的教育目标分类学采用了"知识"和"认知过程"二维框架。[5](21)知识指学习时涉及的相关内容，包括从具体到抽象的四种类型：事实性知识、概念性知识、程序性知识和元认知知识。认知过程的分类与旧体系差别不大，从低到高分成六个水平，即记忆、理解、应用、分析、评价和创造。表2-2是新版认知目标分类框架，这种新的定义方法使教学目标更加清晰，更便于教学和评价。

表2-2 新版认知目标分类框架

知识维度	认知过程维度					
	记忆	理解	应用	分析	评价	创造
事实性知识						
概念性知识						
程序性知识						
元认知知识						

安德森等人还对两个维度的目标做进一步的分解，使之更加操作化。以认知过程维度下"理解"为例，他们将理解又分为解释、举例、分类、总结、推断、比较和说明七种情况，每种情况都提供了同义词、定义及例子，[5](51)参见表2-3。

表 2-3　新版认知目标分类学解释目标说明

认知过程	同义词	定义及其例子
2　理解（Understand）：从口头、书面和图像等交流形式的教学信息中构建意义		
2.1 解释（Interpreting）	澄清（Clarifying） 释义（Paraphrasing） 描述（Representing） 翻译（Translating）	将信息从一种表示形式（如数字）转变成另一种表示形式（如文字）（例如，阐释重要的演讲和文档）
2.2 举例（Exemplifying）	示例（Illustrating） 例示（Instantiating）	找到具体的例子解释概念或说明原理（例如，列举各种绘画艺术风格的例子）
2.3 分类（Classifying）	分类（Categorizing） 归类（Subsuming）	确定某事物（如概念）属于同一个类别（例如，将观察到的或描述过的精神病案例分类）
2.4 总结（Summarizing）	概括（Abstracting） 归纳（Generalizing）	概括一般的主题或要点（如简短总结录像带中描述的事件）
2.5 推断 Inferring	断定（Concluding） 外推（Extrapolating） 内推（Interpolating） 预测（Predicting）	从呈现的信息中推断出合乎逻辑的结论（例如，学习外语时从例子中推断语法规则）
2.6 比较（Comparing）	对比（Contrasting） 对应（Mapping） 配对（Matching）	发现两种观点、对象或其他类似物之间的一致性（例如将历史事件与当代情形进行比较）
2.7 说明（Explaining）	建模（Constructing models）	建构一个系统的因果关系（例如说明法国18世纪某重要事件的原因）

　　以教育目标分类学为指导，无论是单元水平的教学目标，还是一节课或相互联系的几课时的教学目标，教师的表述都要清晰具体。目标表述越SMART，即 Specific（具体），Measurable（可测量），Attainable（可达成），Realistic（现实的），Time-bounded（有时间限定），它就越能为教学和评价设计提供有价值的参考。

　　以人民教育出版社8年级下册语文《藤野先生》一课的教学为例，某老师在第1课时已带领学生阅读全文，学生们知道这篇散文表达了作者对藤野先生的感激之情。在第 2 课时备课中，她提出教学目标：感悟写人叙事散文中表达感情的方法。这样的目标表述不够具体和难以测量，如果修改如下：

至第 2 课时教学结束时，学生应该能够：找出《藤野先生》一课作者表达感情的方法，写出方法名称并标记出典型段落；从已学散文中找出运用上述方法的典型文章和段落。

这样的表述就基本达到 SMART 水平。学生要达到的知识目标是"写人叙事散文中表达感情的常用方法"，属于学科技能类的程序性知识；在认知过程上，学生不仅要在《藤野先生》一文中找出使用某种特定表达方法的典型段落，而且要从已学散文中找出典型文章和段落，要举例说明，属于"理解"（Understand）中的"举例"（Exemplifying）。有这样的目标，教师不仅知道教学的努力方向，而且知道如何评价自身教学的有效性。

测验细目表

很多时候，教学目标既多样又复杂，涵盖很多知识和认知过程。一个测验不可能评价所有的内容。测验通常抽取一个有代表性的题目样本，用它代表整个评价范围，然后基于学生在测验题目上的表现，推论学生达成预期目标的程度。为了保证题目样本的代表性，编制测验细目表用以指导题目设计就显得十分重要。

双向细目表是比较常用的一种细目表，它从两个维度上绘制测验蓝图。其主要步骤是：（1）列出教学内容要点。将整个教学内容划分成多少个内容要点。这带有一定的主观性。一般来说，内容要点要足够详细，以保证对每一块内容的充分取样。（2）列出教学目标清单。教学目标代表了学生经过学习后应达成的学习结果，一般采用布卢姆等人提出的认知目标分类体系或安德森等人修订后的新体系予以分类和表述。（3）填写双向细目表。确定测验题目的构成，通过内容和目标两个维度的双向列联表予以表示，就构成了一份双向细目表，成为命题的蓝图。表 2-4 列举了国外某中学地理课天气单元的双向细目表。[6](67) 这个表说明了天气单元测验题目的总数及内部构成。

表 2-4 国外某中学地理课天气单元测验的双向细目表

目标 内容	知道			理解	解释	题目总数	题目比例(%)
	基本术语	天气符号	具体事实	影响天气形成的因素	气象图		
气压	1	1	1	3	3	9	15
风	1	1	1	10	2	15	25
温度	1	1	1	4	2	9	15
湿度和降水量	1	1	1	7	5	15	25
云	2	2	2	6		12	20
题目总数	6	6	6	30	12	60	
题目百分比（%）	10	10	10	50	20		100

随着教育问责制度的兴起与发展，教育质量测评、监控和分析受到越来越多的关注，细目表的制作也越来越细致，有些测评项目开始使用多向细目表。表 2-5 呈现的是 2009 年 PISA 项目[①]阅读测试所使用的多向细目表。[7](187) 对这个命题细目表做进一步分析会发现很多有价值的信息。比如，PISA2009 阅读测试题中，学生需要阅读的文本有多种类型，除连续文本之外，非连续文本、混合文本和多重文本涉及的题目有 50 个，占总题量的 38%；又如，PISA2009 阅读试题中答案不确定、具有开放性的题目有 56 个，占总题量的 42.7%。

---

①PISA，Program for International Student Assessment，国际学生评价项目，是一项由经济合作与发展组织（Organization for Economic Co-operation and Development, OECD）统筹的一个国际学生能力评价项目，主要对接近完成基础教育的 15 岁学生进行评价，评价他们掌握参与社会所需知识与技能的程度。

表2-5　PISA2009阅读测试命题多向细目表

	题目数量	单选题数量	多选题数量	封闭式问答题	开放式问答题	简答题
不同类型文本的阅读题分布						
连续文本	81	36	6	4	31	4
非连续文本	38	10	3	7	12	6
混合文本	7	4	1	0	1	1
多重文本	5	0	2	2	1	0
小计	131	50	12	13	45	11
不同任务类型的阅读题分布						
访问与检索	31	6	3	9	3	10
整合与解释	67	38	6	4	18	1
反思与评价	33	8	1	0	24	0
小计	131	52	10	13	45	11
不同应用情境的阅读题分布						
个人生活	37	10	2	5	17	3
公共生活	35	19	2	2	10	2
职业生活	21	4	3	3	10	1
教育生活	38	19	3	3	8	5
小计	131	52	10	13	45	11

当然，需要指出的是，细目表并不是越细致越好。有时候，一些小型测验，特别是教师自编测验，不需要耗费那么多精力，只需使用简单的单向归类系统即可。比如，在阅读测验中，只要列举出一系列的阅读技能以及每一种技能上的题目数量（参见表2-6），[6](70) 就可以很好地规划和设计测验了。

表 2-6　阅读测验单向归类系统

阅读技能	题目数
识别文章中的细节	10
概括文章的中心思想	10
判断文章中时间出现的先后顺序	10
辨别文章中多个表述之间的关系	10
对文章内容进行推论	10
总　　数	50

不难发现，测验细目表明确了评价内容及其构成，使试题分布合理，覆盖面广，体现重点，是规范命题、确保评价效度的重要手段。有合理、清晰的测验细目表，可以有效克服教师命题随意、试题取样不当、题型单调、覆盖面窄或失之偏颇等弊病。[8]

但需要指出的是，在我国，细目表在测验与评价实践中尚未受到足够的重视，很多教师在自编测验中往往是凭经验编制试卷，甚至随意挑选题目组编试卷，缺乏规范性。即便在一些大规模、关键性考试中，有些机构和教师应用了测验细目表，但也存在一些亟待关注的问题，主要问题如下。

首先，细目表不够细。大型考试一般内容覆盖范围比较广，所以需要对评价内容进行全面、细致的梳理，但有些考试对测验内容的分析过于简单。比如，某份高考政治卷命题的双向细目表中，知识维度仅列举了 3 个领域，分别是"经济常识"、"哲学常识"及"政治常识"，各领域内部究竟有哪些内容要点，哪些要点是重点，细目表没有细致分析。

其次，对教学目标的分析不够深入。有些考试在细目表中只涉及内容和题型两个维度。不同题型适用于不同能力目标的考查，究竟这份试卷考查了学生的哪些能力表现？哪种能力最重要？某道特定的题目考查了学生的什么能力？这些原本是测验编制者需要清楚回答的问题，但当被询问时，却没有确定、清晰的答案。

第三，不能体现学科特点。很多机构和教师在编制测验细目表时参考布卢姆等人或安德森等人的认知目标分类学体系，结构清晰，但对学科特点的分析和回应不够。测验编制者不能简单照搬目标分类学体系，需要根据学科特点进行调整和改进。比如，物理学科是一门注重实验的自然科学基础课程，所以物理课程"应注意学生经历实验探究过程，学科科学知识和科学探究方法，提高分析问题及解决问题的能力"，[9](2)那么在物理学科测验的细目表中就需要强调程序性知识、探究能力和科学精神等。又如，英语学科是一门工具性学科，"英语课程承担着培养学生基本英语素养和发展学生思维能力的任务，即学生通过英语课程掌握基本的英语语言知识，发展基本的英语听、说、读、写技能，初步形成用英语与他人交流的能力"，[10](2)那么英语学科测验在细目表中需要将"应用"做进一步的分解，使之体现英语学科特点。

第四，对当前评价与考试改革的趋势呼应不够。随着课程改革的持续推进，学生实践能力、结合实践分析与解决问题的能力成为考试评价的重点。比如，北京市高考文综命题"注重考查学生运用所学的基础知识、基本原理、基本观点和基本方法从不同角度发现问题、分析问题和解决问题的能力，重视发展学生参与社会生活的能力"；[11]又如北京市高考理科综合命题要求"从学生已有的经验和将要经历的社会生活实际出发，通过生产、生活中的一些真实情境和实验观察、自然体验，考查学生联系实际深化、应用知识的策略和学科素养"。[11]这一改革趋势与国际学生学业成就评价理念基本一致。那么，测验细目表的编制可以参考 PISA 项目经验增设"应用情境"维度，以强有力地引导命题者关注实践，并使各种应用情境都得到相应的关照。

细目表是测验与评价设计的重要依据，无论是大规模、高利害的关键考试，还是教师在日常教学活动中的自编测验，都需要编制测验细目表，使测验能准确、有效地评价学生在学习中的成就与不足。

选择评价任务类型

测验与评价任务有很多种类型，不同类型的任务有不同的优势与局限性，适合不同目标能力的测量。在测验与评价设计中，教师要根据测评目的和测验细目表，选择合适的评价任务。

客观题与主观题

在我国，人们通常依据阅卷方式的不同将评价任务分成两种类型，一种是客观题，一种是主观题。选择题，以及可以转化成选择题的判断题和匹配题，可以采用机器阅卷，被认为是客观题；填空题、简答题和论述题等多种题型则被认为是主观题，这种题目的评分都涉及教师的主观判断，都采用人工阅卷。美国也有这种类似的分法，只是美国通常把答案唯一的填空题和简答题也看作客观题，只有题目答案不唯一的题目才叫主观题。下面有两道语文考试填空题，第一道是中考语文题，第二道是高考语文题。

1. 亲民党主席宋楚瑜率领大陆访问团在拜祭黄帝陵时所说的"炎黄子孙不忘本，两岸和平一家亲"，言简意赅地表达出两岸炎黄子孙的共同心声，勾起多少人的思念之情。请根据上联所表达的内容，写出或改写平时所积累的名句，对出下联。

上联：少小离家为异客
下联：＿＿＿＿＿＿

2.《过零丁洋》一诗中，表现作者文天祥民族气节以及舍生取义生死观的千古名句是＿＿＿＿＿＿？＿＿＿＿＿＿。

第一道题没有标准答案，学生可以提出不同的下联，这种题在中美两国都被看作主观题。但第二道题不同，它的答案是确定的、唯一的，美国把这种填空题也叫客观题，而我国认为它是主观题。

中美的区分方法都有其合理之处。为了讨论的方便，在本书中，我们采用国内的惯用区分方法，即将选择题、判断题和匹配题等看作客观题，填空、简答、论述、作文等其他题型视为主观题。

客观题也能评价复杂能力

客观题主要包括选择题、判断题和匹配题。这种题目要求学生从备选项中选择或匹配正确的答案，国外也称之为选择反应测验。

客观题有很多优点。概括起来，主要有：（1）实施起来比较容易，学生只需要勾画出正确选项即可，阅卷可以采用机器阅卷，即使人工阅卷速度也很快；（2）因为实施容易，所以可以设置比较大的题量，一方面可以扩大试题的覆盖范围，另一方面也可以减少猜测对评价的影响；（3）答案唯一、确定，没有争议，能最大限度地克服主观性；（4）排除了书法等无关因素的干扰。参加过中高考阅卷的教师坦言，不要说作文阅卷，即便是数学、物理等学科的主观题阅卷，学生字写得好，也容易得高分，相反则容易被挑出纰漏。而客观题阅卷不会受到类似的干扰。

当然，也有不少人对客观题提出批评。有人认为，客观题一般是让学生在各种备选项中选择正确答案，所以只能考查学生的再认能力。这种观点是错误的。如果测验考查内容是事实性知识，用客观题确实只能评价学生对知识的再认能力。但是，测验考查的内容既有知识又有认知过程，至少不局限于事实性知识，客观题的应用范围很广泛。设计良好的客观题不仅可以考查学生对一般事实性知识的再认，而且可以考查多种复杂能力，比如对基本原理的理解与应用，对某种理论的分析和评价。以下面这道中考化学题为例：

下列方法能鉴别空气、氧气和二氧化碳3瓶气体的方法是

A. 闻气味　　　　　　　B. 将集气瓶倒扣在水中

C. 观察颜色　　　　　　D. 将燃着的木条伸入集气瓶中

这是一道有关物质鉴别的题目。要鉴别空气、氧气和二氧化碳，学生不仅要回忆三种气体所具备的特点，而且要比较三种气体之间的异同，推断备选鉴别方法的结果，其考查的认知能力已远远超出了再认水平。

主观题的评分误差并非不可控

主观题主要包括填空题、简答题、论述题、作文题等，这种题目通常让学生自己独立想出答案或解决问题，所以国外也称之为建构反应（constructed responses）测验。

相对于客观题，主观题的优势主要体现在任务的真实性和复杂性上。一般来说，主观题所涉及的任务真实性比较高，比较接近现实生活。想想看，在实际生活中，几乎没有人被要求从安排好的选项中选择正确答案，或者对某个陈述做出正或误的判断，但很多人却可能需要给同事做一个简短的口头报告，或者设计一个活动计划书。主观题的复杂性也比较高，能有效评价学生各种复杂能力和综合能力。有研究者曾列举多种可以用主观题考查的复杂能力，包括：（1）辨认、提取和表达相关信息的能力；（2）归纳和分析材料的能力；（3）解释各种关系的能力；（4）应用概念或原理解决问题的能力；（5）提出、组织和表达观点的能力，或用事实、资料支持观点的能力；（6）陈述推理的能力；（7）设计实验或调查的能力；（8）提出假设，及对假设进行支持或驳斥的能力；（9）对论点进行评价的能力。[12](182)

下面这道主观题是一道高考文综地理题。题目要求学生通过观察地图，分析海河水系流域的地形、河流分布及气候特点，分析修建水库和新开入海河道的自然原因。如果学生不会借助图例查看和分析地图，不熟悉海河水系流域的地形和气候特点，或者综合分析的能力不够，都答不好这道题。所以，这道题考查了学生综合各种地理信息分析和解决问题的复杂能力。

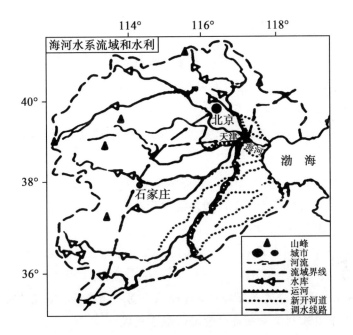

如图所示,20世纪50年代以来,针对海河流域频发的旱涝灾害,人们在流域西部、北部修建了大量水库,在东部新开了多条入海河道。

请结合流域气候和地形特点,分析修建水库和新开入海河道的自然原因。

当然,主观题也有其局限性。最大的局限是评分带有一定的主观性,容易产生评分误差。不同评分者对某一具体标准的理解、重视程度和宽严程度不一样,评分还可能受到来自评分者(如评分者个人偏好)、学生(如学生字写得是否工整)、阅卷环境(场地灯光是否足够)等诸方面因素的影响。

但是,主观题的评分误差并不是不可控的,它可以通过多种举措予以控制。我们的建议举措主要如下:

首先,测验编制者不仅要提供评分标准,而且要提供评分细则,使评分方法更具操作性。以作文评分为例,如果只是告诉评分者可以从内容、语言和结构三个方面进行整体性评分,那么评分者将会面临很多难以解决的问题:如果一个学生的作文主题明确,但内容不充实怎么办?一个学生内容尚充实,但语言不够生动又怎么办?如果有具体的评分细则,评分中可能遇到的各种问题都在细则中能找到相应的处理办法,评分的主观性就会下降,误差就会减少。以下就是一份操作性较强的作文评分细则。

作文评分细则

满分50分，从内容、语言和结构三个方面对作文进行评价。

一类卷（43—50分）

切题，中心突出，内容具体充实；行文流畅，语言生动准确；结构严谨，层次清晰。

以46分为基准分适当浮动：具备语言和另一项条件，获基准分；具备三项条件的和只具有语言一项条件的酌情加分或减分。

二类卷（35—42分）

切题，中心明确，内容较具体充实；文从字顺，语言基本准确；结构紧凑，层次分明。

以38分为基准分适当浮动：具备语言和另一项条件，获基准分；具备三项条件的和只具有语言一项条件的酌情加分或减分。

三类卷（27—34分）

基本切题，中心基本明确，内容尚具体；语言基本通顺，有少量语病；结构完整，层次尚清楚。

以30分为基准分适当浮动：基本具备上述三项基本条件的，获基准分，语言较好的酌情加分，另有些缺点的酌情减分。

四类卷（18—26分）

不甚切题，内容欠具体，或中心不很明确；语病较多；结构层次较混乱。

以22分为基准分，根据具体情况酌情加分或减分。

五类卷（17分及以下）

不切题，中心不明确；文句不通；漫无章法，结构不完整。

以13分为基准分，根据具体情况酌情加分或减分。

其次，提供有代表性的学生答卷作为不同等级的样例。在主观题阅卷中既提供评分标准和细则，又备有代表性样例，有助于评分者更好地理解标准和实施评分。以下是PISA项目数学测试的一道样题及其评分细则。[13](35-36)PISA项目阅卷与众不同，评分者除了给每个学生评定等级（满分、部分分数和零分）之外，还要标定一个两位数代号。这个代号不仅清楚表明学生的等级水平，而且可以显示学生在答题中的基本思路。对这些代号做进一步分析，就可以了解某个特定学生群体常用的解题思路、思维的多样性，以及常见的错误等。另外一个特别之处是，在评分细则中，PISA项目还提供了学生答卷的样例，对照这些代表性的答卷样例，评分者会更清楚该将某个学生归入哪个代号类别以及评定哪个等级。

抢劫

电视主播呈现了下图并报道："图形显示，从1998年到1999年抢劫案数量有巨幅的上升。"

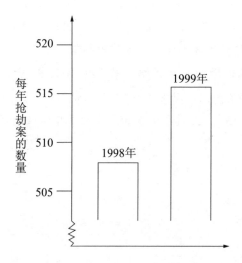

你认为这位主播对于上图的解释是否合理？请写出一个理由来支持你的答案。

记分

注意：以下代号中，答案"否"包括所有认为"该解释是不合理的"的句子，而答案"是"则包括所有认为"该解释是合理的"的句子。请不要单凭"是"或"否"来记分，而应看看答案解释是否合理。

满分

代号21：不，不合理。指出我们看到的只是整个图表中的一小部分。

- 不合理，需显示整个图表。
- 我不认为那是合理的解释，因为如果显示全图的话，便能看到抢劫案的数目只是轻微上升。
- 不合理，因为他只用了图表上方的小部分。如果看到全图由 0 到 520 的情况，便知道上升的幅度不是那么大。
- 不，那只是因为该图表让人觉得数字巨幅上升。看数字增加并不多。

代号 22：不，不合理。用比率或百分比的数字作论据，论点正确。
- 不，不合理。与总数 500 比较，10 不是一个巨幅的增加。
- 不，不合理。计算百分比，约只有 2% 的增加。
- 不，多了 8 宗抢劫案，即上升了 1.5%。我认为那不是很多！
- 不，今年只多了 8 或 9 宗，与 507 宗比较，那不是很大的数字。

代号 23：要有趋势的数字资料才可作出判断。
- 我们不能说增加是否巨幅。若 1997 年的抢劫案数目与 1998 年的相同，那么我们可以说 1999 年有巨幅增加。
- 有多"巨幅"，我们无从得知。因为至少需要有两个改变，才可判别哪个大，哪个小。

部分分数

（略）

零分

（略）

第三，加强评分者培训。培训要向评分者阐释评价意图，解析题目，讲解评分细则及评分中的常见问题，还要在基本培训后开展试评。试评程序非常重要，不能随便省略。试评不仅可以分析评分者一致性信度，还可以发现评分过程中存在的分歧和出现的问题，以便及时处理，使评分误差控制在可接受范围内。

最后，确保评分中的资源支持。主观题评分需要大量的人力、物力和财力。如果选择的评分者不具备相应的素质和经验，如果评分者阅卷的时间仓促，如果缺乏相应的后勤保障，那么即使评分细则再细，评分者培训再严格，评分的准确性也将难以保证。因此，测验管理者在规划测验过程中要对主观题评分所需的资源支持进行预算，并提出有力的保障计划。

选择合适的任务类型

由上述分析可见，主观题与客观题各有其优势及局限性，世界上没有完美的评价任务，合适的才是最好的。而确定某种任务类型是否合适，最重要的一条就是看它能否有效测量到目标学习成果。如果要测量学生对某些事实性知识、概念性知识的记忆和理解，采用选择题、匹配题、判断题等主观题即可。如果要考查学生是否能设计一个实验鉴别几种不同的物质，或者考查学生能否对一段文字进行批判性分析，那么采用主观题会更好。

具体来说选择合适任务类型可以采取如下程序：(1) 明确评价目的，即我们想通过测验评价什么学习成果及为什么评价它；(2) 找出可以选择的题目类型；(3) 分析各种题目类型能有效测量目标成果的程度；(4) 确定哪一种或哪几种题目适合。题目能有效测量目标成果的程度，指的是效度，有关知识在第3章中有详细阐释。效度是一个相对概念，对于某一个特定的测量目标，某种题目类型是有效的，但对于其他测量目标，它可能就不那么有效。同时，说某种题目类型有效，并不是说它100%有效，而是在某种程度上有效。有时候，要测量的目标成果很复杂，由一种题型不能准确测评，就需要多种题型、多个题目共同测评。

当某种目标学习成果可以适用多种题型时，如何选择呢？比如历史学科，要测量学生对某些事实性知识的记忆及对某些概念性知识的基本理解，既可以使用客观题，也可以使用主观题。建议优先选择使用客观题。前文已经阐述了客观题所具有的优点，这里我们可以转换一个视角进行分析。客观题比较容易使用的原因是：(1) 容易填答。学生回答每道题所需时间很短，这使我们可以通过增加题量扩大题目样本，从而提高样本的代表性和测验的内容效度。(2) 容易评分。客观题答案唯一，这不仅避免了评分主观性，而且可以提高阅卷效率。(3) 容易诊断学生错误。学生在哪些方面容易出现错误，出现何种错误，容易混淆的地方在哪里，可以通过客观题的项目分析清楚定位。有了这些明确的诊断信息，教师的后续教学改进可以更有针对性。

设计评价任务

设计评价任务并不是像想象中那么容易。传统意义上的优秀教师并不一定能出好题，教师需要学习如何编制题目。特别是为了切实减轻学生过重的学业负担，很多地市都明确要求减少统一考试次数。比如，上海市于2010年3月颁布《上海市教育委员会关于进一步规范课程教学工作深入实施素质教育的若干意见》（沪教委基［2010］23号），明确指出："小学一至三年级不得进行全学区、全区县范围的任何形式的学科统考统测（包括学业质量监测）"，"四至八年级不得进行全区县范围的学科统考统测""严禁学校组织中小学生参加任何形式的联考或月考"。在这样的背景下，越来越多的教师要通过自编测验考查学生的学习进展，因此教师要认真学习如何设计评价任务。

设计评价任务的基本要求

测验题目能引出预期学习成果所描述的表现，与预期成果相匹配，这是有效成就测评的基本要求。[14](77) 只有测验题目激发了学生的预期表现，测量到所要测量的目标行为表现，才能有效评判学生达成预期目标的程度。这不仅要求教师选择合适的任务类型，而且每个具体的题目都要与预期成果相匹配。

以初中生物课探究能力评价为例，义务教育生物课程标准（2011年版）指出，"生物科学不仅是众多事实和理论的汇总，也是一个不断探究的过程。科学探究既是科学家工作的基本方式，也是科学课程中重要的学习内容和有效的教学方式。"[15](3) 所以，生物课倡导探究式学习，也注重对学生探究能力的评价，"教师应结合探究活动的全过程评价学生的探究能力"。[15](35) 具体来说，探究活动包括提出问题、作出假设、制订计划、实施计划、得出结论、

表达与交流等多个环节,每个环节的能力要求参见表 2-7。[15](9)

表 2-7　生物课程标准对科学探究能力的界定

科学探究能力	基本要求
提出问题	尝试从日常生活、生产实际或学习中发现与生物学相关的问题。 尝试书面或口头表述这些问题。 描述已知科学知识与所发现问题的冲突所在。
作出假设	应用已有知识,对问题的答案提出可能的设想。 估计假设的可检验性。
制订计划	拟订探究计划。 列出所需要的材料与用具。 选出控制变量。 设计对照实验。
实施计划	进行观察、实验。 收集证据、数据。 尝试评价证据、数据的可靠性。
得出结论	描述现象。 分析和判断证据、数据。 得出结论。
表达、交流	写出探究报告。 交流探究过程和结论。

表 2-7 较为清晰地界定了探究能力的基本要求,也在一定程度上表明了探究能力培养的预期成果。那么,教师要评价学生某种或某几种特定的生物探究能力,就必须确保题目与预期成果保持一致。

为评价学生生物探究能力,某市在中考题设计了这样一道题。

菊花一般在秋天开花。影响菊花开花的生态因素是什么?科学兴趣小组对"菊花是否开花与日照长短的关系"进行了探究。

(1)作出假设:＿＿＿＿＿＿＿＿＿＿＿＿＿＿＿＿＿;

(2)进行实验:取十盆大小、长势都差不多且未开花的菊花,放在其他环境条件都适宜且相同的地方，其中五盆放在日照时间短的地方，另五盆放在日照时间长的地方，经过一段时间后，观察开花情况。该实验的主要变量是_____；

（3）如果他们的假设成立，观察到的现象应该是_____。

提出猜想与假设是探究能力的重要成分，它使探究活动具有初步的方向，避免了盲目性。这道题考查了学生的假设能力，学生需要基于研究问题和实验设计表述假设，并对结果进行猜想。但需要注意的是，这道题中问题的表述已经清楚地界定了实验因变量和自变量，假设基本上不言自明，这里让学生"提出假设"实际上是让学生将假设和猜想更具体地表述出来，考查的是学生"表述假设"的能力，难度不大，与预期成果的匹配程度偏低。如果将题目稍作修改，给学生提供更大的假设空间，效果会更好。

菊花一般在秋天开花。观察发现，校园里摆放的盆栽菊花开花有早有晚，影响盆栽菊花开花早晚的生态因素是什么？请提出两个研究假设。如果你想到的不止两个，可以多写。

（1）假设1：_____；
（2）假设2：_____；
（3）假设3：_____。

在修改后的题目中，我们不仅将实验设计的内容删除，使评价更加聚焦于"提出假设"，而且修改了研究问题的表述，这样学生就需要自己根据所学生物学知识提出假设和表述假设。学生除了可以提出"菊花开花早晚受日照时间长短影响"的假设，还可以提出菊花开花早晚受空气湿度、土壤湿度、气温等因素影响的假设。学生提出的假设不一定最后都得到验证，只要看上去具有可能性就可以得分。

修改前的这道生物测验题附带考查了学生实验设计的能力，要求学生填写实验中的"主要变量"名称。如果教师不是附带评价实验设计能力，而是专门评价学生实验设计能力，让我们比较下面两题哪道更好。

第 1 题

就哪些生态因素会影响菊花开放时间早晚，有人提出假设"日照时间是影响菊花开花早晚的一个因素"，于是他设计如下实验：取十盆大小、长势都差不多且未开花的菊花，放在其他环境条件都适宜且相同的地方，其中五盆放在日照时间短的地方，另五盆放在日照时间长的地方，经过一段时间后，观察开花情况。该实验的主要变量是_____；

第 2 题

就哪些生态因素会影响菊花开放时间早晚，有人提出假设"日照时间是影响菊花开花早晚的一个因素"，于是他设计如下实验：取十盆大小、长势都差不多且未开花的菊花，放在其他环境条件都适宜且相同的地方，其中五盆放在日照时间短的地方，另五盆放在日照时间长的地方，经过一段时间后，观察开花情况。

（1）在这个实验中，实验变量是_____；

（2）两组菊花"放在其他环境条件都适宜且相同的地方"，这里所说的其他环境条件主要指什么？请列举两个以上。

（3）这个实验设计好不好，能否有效验证假设是否成立？理由是什么？

第 1 题让学生填写实验中的"主要变量"，这个主要变量指的是实验变量，还是结果变量，抑或是控制变量？似乎没有说清楚。这题原来给定的答案是"日照时间长短"，但如果学生填写"菊花开花时间的早晚"，应该也没有错。更重要的是，两题与预期成果，即"实验设计"能力（课标中叫制订计划能力）的匹配程度有很大差异。第 2 题匹配度比第 1 题要高出很多。衡量一个实验设计的好与坏，最重要的指标是看它的内在效度，也就是"实验者所操作的实验变量对因变量所造成的影响的真正程度"。[16](192) 在第 2 题中，评价者不仅询问学生是否知道实验应予控制的其他环境条件（如气温、水肥），而且考查学生是否意识到这个实验还需要控制"其他环境条件"之外的一些无关变量，比如菊花的品种、菊花植株的大小等，这都是在让学生分析实验的内在效度。它有效引发出教师所要测量的目标行为，比第 1 题更好地测量了学生的实验设计能力。

题目不能有效测量命题者意欲测量的预期目标的达成程度，说明它的结构效度不好。什么叫结构效度，如何估计和改进结构效度，第 3 章将会有细致讨论。

设计评价任务的一般性建议

除了满足基本要求，无论是标准化的测验，还是教师自编的测验，在题目形式、内容、指导语、填答方式、记分方法、试卷编排，乃至版面设计与印制等诸方面都有不同的要求，需要精心的设计。这里，受篇幅所限，我们不对选择题、判断题、匹配题、填空题、简答题、作文题等各种具体题型的编写要求进行分析，仅从整体上就编写测验题目和评价任务提出一些一般性建议。

清楚地表述每道题目和评价任务

清楚的表述不但使待执行的任务操作定义十分清楚，而且也使学生能按照预期学习成果的表现来反应。在设计、检查测验题目和评价任务时，教师要注意使用简单易懂的语言，避免用语啰唆，正确运用标点符号和语法，图画材料必须清晰，以使学生能正确理解题目和任务的要求。如果题目或任务表述不清楚，导致学生不能理解或与教师的理解不一致，在测验和评价中的表现欠佳，这并不能说明学生没有达到课程的要求。学生的分数应该由被测评的表现决定，而不受我们并不想测评的题目本身的一些因素的影响。

题目要适合学生的阅读水平

不同年级学生的阅读能力存在很大的差异，如果学生因为阅读存在障碍而没有答对题目，那么他是否掌握了预期学习目标就难以准确判断，测验结果就有可能不准确。编题者要使阅读难度和词汇水平尽可能简单。想想看，如果用文言文出数学题，有些学生就会因为读不懂文言文而答不出或答不对题目，但这并代表他数学没有学好。2015 年，中国科学院大学有位生物老师出的《蛋白质工程原理》期末考试题走红网络，因为这位老师在题目中引用了很多诗词，所以被称为国科大年度最浪漫期末试卷。[17] "青莲居士于花前月下对影成三人时用到了哪一类生物工程产品？" "'无我原非你，从他不解伊',为何独酌却有'三人'?试写出原诗中的一两句或别的相关诗句。"这样的试题表述富有诗意,但问题是学生们如果诗词水平不够,读不懂这些诗词怎么办?生物考试考查生物知识和生物学科能力,虽然也可以整合其他学科知识与能力,但不能喧宾夺主,要考虑学生的阅读能力。

题目表述不能包含民族、种族、性别或城乡偏见

从公平的视角对题目进行偏见审查,看题目是否冒犯了某一类人,或者对某一类人显得不公平,在公平备受关注的当下,这一点十分重要。比如,在一份《品德与社会》测验中,如果题目中提到经理、科学家、医生等收入较高且社会声誉较好的人群,都用"他"或"他们"来指代,而提到一些没有声望的职业人群(如保姆、员工)则用"她"或"她们",那就对女性构成了冒犯,有的女生可能因为受到性别歧视而感到气愤,她们的测验分数就不能准确代表她们的能力。

避免题目中的无意线索

在设计题目时,要保证学生只有达到了预期的学习成果,才能正确地作答。如果编制题目的时候不够仔细,题目本身或其他题目提供了一些无意线索,暗示了答案,那么题目就不能准确评判学生学和教师教的效果。比如说,选择题题干中的名字、日期或事件,可能会给另一道简答题提供答案。教师在测验题目和评价任务编制完之后,要从头至尾通读,识别题目内的无意线索,并找出题目之间重叠或相互提示的部分,做出必要的修改。

确保每道题目的答案或评分细则没有争议

测量事实性知识多使用客观测验题,答案是唯一的,评分也很客观,所以一般不会出现争议。但是在测量复杂的学习成果或使用表现性评价时,什么样的答案是正确的,什么样的表现应该得高分,就需要仔细的斟酌。一般来说,教师在编制表现性评价任务或其他开放性题目之后,要在设想学生各种可能反应方式的基础上,制定一个具体、细致、可操作的评分标准和细则,并征求专家或同事的意见,达成基本的共识。如果条件许可,还需开展预试,以确保答案和评分细则没有争议。

编写题目和任务的数量要多于测验实际使用的数量

准备的题目和任务数量多于实际所需的题量，这样在最后编排试卷和审查题目时，就可以将一些不合格的题目和任务删掉。同时，题目和任务的数量多了，教师就可以从中选择更合适的题目和任务，从而使最终的测验与教学目标更好地结合起来。

注重对测验题目的检查与修改

编制测验题目和评价任务是一件科学性很强的工作。题目和任务编制完后，教师要对照题目编写的一般建议以及各种题型的特殊要求，对题目进行认真的检查和修改。即使微小的改变，有时也能引起题目或任务在功能上的变化。如果是大规模、标准化、高利害的测验，这种检查和修改更是必不可少。图 2-1 是某地基础教育质量监测项目在测验编制阶段所采用的程序。由图可见，题目检查与修改是题目编制中非常重要的一个环节。

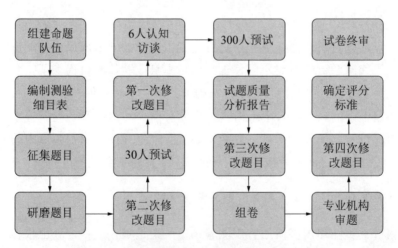

图 2-1　质量监测项目中的学科命题一般程序

汇编测验

教师根据测验细目表编制好题目后，就可以着手汇编测验了。一个完整的测验首先应该提供指导语，对测验进行简短的说明。一般来说，指导语可以包括如下内容：(1) 测验的目的；(2) 完成测验的可用时间；(3) 如何作答；(4) 当不确定答案时，是否可猜测；(5) 交卷方式。

以国外某学校一份全部由选择题构成的课程验收测验为例，其指导语如下。[14](82-83)

这是一个关于你在本课程前五周所学内容的测验。测验的结果将用于澄清任何有困难的地方并进而帮助你成功地完成课程。

本测验有60道选择题，你有1小时时间来完成测验。

对于每道题，请选择最好完成了句子的答案，或最好回答了问题的答案，并在那个答案的字母上画圈。

你的分数是正确作答题目的数量，所以，记住要回答每道题目。

当一份测验包含多种题目类型，作答方式不太统一时，最好的做法就是先提供一个整体性的指导语，然后在各个部分或各种题型中再分别给出具体的指导语，对答题方式进行细致说明。比如，某省市高考语文试卷先在开头提供如下的指导语。

本试卷共10页，150分。考试时长150分钟。考生务必将答案答在答题卡上，在试卷上作答无效。考试结束后，将本试卷和答题卡一并交回。

接下来，教师要将所有的题目汇编在一起。汇编题目时，要注意题目编排的顺序。一般而言，为了更好地服务于教学，教师要把考查相同成果的题目放在一起，并用一个恰当的标题予以标记，比如"字词积累"、"阅读"、"写话"等。这样，考试完毕后，教师可以比较容易地分析各部分的得分，诊断学生的学习，并有针对性地设计补救措施。有时候，教师也可以根据题型编排题目，将相同的题型编排成一组，每种题型分别提供有关填答方式的指导语，这样可以简化教师阅卷和分析。此外，在每个小部分，无论是根据测评内容编排，还是根据题型编排，都要以难度递增的方式排列具体题目。学生由易到难地答题，可以减少疲劳和提高答题效率。

最后，教师要对整个试卷设计版面和排版。字号的大小、选择什么字体、标题字体和正文字体如何区分、页面空间安排是否便于阅读和作答，这一系列问题教师都应予以考虑。

格伦隆德（B. E. Gronlund）和沃（C. K. Waugh）曾经提供一份测验编制核查清单，[14](83) 我们将它转化成一份核查表，见表2-8。教师在测验定稿后可以用它进行自我评价，如果发现问题，就在正式施测之前进行调整，使测验编制得更好。

表 2-8　测验编制核查表

			未达成	部分达成	已达成
1	平衡	题目是否考查了成就领域中学习任务的一个有代表性的样本？	☐	☐	☐
2	恰当	测验题目是否呈现了恰当的任务？	☐	☐	☐
3	简洁	是否用了简单清晰的语言表述测验任务？	☐	☐	☐
4	正确	题目是否难度适当、没有错误？答案是否经得起推敲？	☐	☐	☐
5	独立	题目之间是否没有相互暗示，即一道题目不会帮助回答另一道？	☐	☐	☐
6	编排	是否将考查相同成果的题目放在一起？是否将相同类型的题目放在一起？是否将题目按难度递增顺序排列？	☐	☐	☐

续　表

			未达成	部分达成	已达成
7	序号	是否在整个测验中按顺序标定了题目的序号？	□	□	□
8	指导	是否有整个测验和各部分的指导语？指导语是否简洁并符合学生的阅读水平？指导语是否说明了答题时间和答题方式？指导语是否说明了可否猜测？	□	□	□
9	空间	页面的空间安排是否便于阅读和作答？	□	□	□
10	打字	最终版本是否有打字错误？	□	□	□

参考文献

［1］顾明远.教育大辞典（第一卷）［Z］.上海：上海教育出版社，1990.

［2］中华人民共和国教育部.义务教育语文课程标准（2011年版）［S］.北京：北京师范大学出版社，2011.

［3］Bloom B. S., Madaus G. F., Hastings J. T. Evaluation to improve learning［M］. New York: McGraw-Hill, 1971.

［4］［美］Bloom B. S. 等.教育目标分类学提纲［A］// 瞿葆奎主编，陈玉琨、赵永年选编.教育学文集第16卷教育评价［C］.北京：人民教育出版社，1989.

［5］［美］安德森等.布卢姆教育目标分类学修订版（完整版）［M］.蒋小平等译.北京：外语教学与研究出版社，2009.

［6］［美］Linn R. L., Gronlund N. E. 教学中的测验与评价［M］.国家基础教育课程改革"促进教师发展与学生成长的评价研究"项目组译.北京：中国轻工业出版社，2003.

［7］OECD. PISA 2009 Results: What Students Know and Can Do-Student Performance in Reading, Mathematics and Science (Volume Ⅰ)［EB/OL］. http://dx.doi.org/10.1787/9789264091450-en, 2010-10/2011-05.

［8］李煜祥.应用"命题双向细目表"的体会［J］.华南师范大学学报（社会科学版），1999（5）：102—105.

［9］中华人民共和国教育部.义务教育物理课程标准（2011年版）［S］.北京：北京师范大学出版社，2011.

［10］中华人民共和国教育部.义务教育英语课程标准（2011年版）［S］.北京：北京师范大学出版社，2011.

［11］新浪教育微博.北京高考改革方案详解及进程安排［EB/OL］.http://edu.sina.com.cn/gaokao/2013-10-21/1823398642.shtml，2013-10-21/2014-12-5.

［12］雷新勇.大规模教育考试：命题与评价［M］.上海：华东师范大学出版社，2006.

［13］台湾PISA研究中心.数学样本试题（中文版含评分规准）［EB/OL］.http://pisa.

nutn.edu.tw/download/sample_papers/2009/2011_1223_mathematics_s.pdf，2010-07/2015-07.

［14］［美］格伦隆德，沃.学业成就评测（第9版）［M］.杨涛，边玉芳译.北京：教育科学出版社，2011.

［15］中华人民共和国教育部.义务教育生物课程标准（2011年版）［S］.北京：北京师范大学出版社，2011.

［16］李方.现代教育科学研究方法［M］.广州：广东高等教育出版社，1997.

［17］国科大生物试卷玩诗意走红网络［EB/OL］.http://epaper.bjnews.com.cn/html/2015-05/17/content_577211.htm?div=-1，2015-05/2015-05.

什么样的评价是好的评价

第3章

　　如果评价不准确、不可靠,或不公平,那么它就不能发挥导向、鉴别、诊断、激励和发展等多重功能,有时还可能适得其反。教育评价本身也应受到严谨的评价。人们把对评价进行的评价叫元评价。

　　教育者、评价者和研究者要加强元评价意识,对各种测验与评价进行元评价,及时发现其中存在的问题并予以改进,确保评价的质量。元评价的常见指标有效度、信度、难度、区分度及公平。

概　览

1. 效度是高质量评价的首要条件。如果测试题目效度不良，即使其信度、难度、区分度等其他指标都合乎测量学要求，也没有什么实质意义，也不是好的评价。

2. 效度指对于一个既定的目标，在做出推论和提供解释过程中评价的有用性程度。它是一个综合的概念，要分析评价的效度，证据需要来自内容、解题过程、内部结构、与其他测验关系以及测评结果等多个方面。

3. 信度指多次测验结果的一致性程度，它反映了测量过程中所存在的随机误差的大小。信度高是效度高的必要条件。如果多次测验或评价的分数间没有相关性，测验的信度不高，结果就不可信，效度也不可能高。

4. 难度就是测评题目的难易程度。如果题目是客观题，可用二分法记分，通常使用通过率来表示难度；如果题目是主观题，采用非二分法记分，学生会得到从零到满分之间的一个分数，那么难度通常用平均得分率来计算。

5. 区分度指测验题目对被试表现差异的区分能力。如果题目是客观题，可以用二分法记分，其区分度一般用鉴别指数法计算；如果题目属于主观题，评分在零至满分之间，这种题目的区分度则要通过计算题总相关予以分析。

6. 公平是衡量测验与评价质量的重要指标。它要求测验不能让学生因性别、种族、社会经济地位、宗教信仰或其他人口学特征而受到冒犯或不公平对待。开发高利害测验时，组织者要成立一个专门的小组对试题和整个测验进行公平审查。

效 度

效度（Validity）被认为是元评价最为重要的一个指标。由美国教育研究学会（American Educational Research Association，AERA）、美国心理学会（American Psychological Association，APA）与全美教育测量理事会（National Council on Measurement in Education，NCME）共同编定的《教育与心理测试标准》（Standards for Educational and Psychological Testing）是当前元评价领域影响最大的分析框架。1999年版及2014年最新版本的《教育与心理测试标准》都强调效度是评价最基本的要求，所有评价必须保证其能测到所欲测的特质，能依据所收集的信息做出准确而有效的推论。[1](12-15)在实践层面最具影响力的美国教育考试服务中心（Educational Testing Service，ETS）也反复强调，效度是反映试题质量最为重要的指标，测验编制者必须清晰界定要测量的特质，并提供概念性、实证性或理论性证据说明推论解释的有效性。[2](15-18)

从一道区分左右的测试题说起

对于效度这个带有很强专业性的术语，很多人所知不多，甚至有些多次参与重要考试命题的人也只是望文生义，一知半解。到底应该怎样理解和分析评价的效度？让我们结合一道幼儿评价题目予以解释。

在幼儿园，区分左右是大班有关空间方位感认知方面的教学内容，其重点在于引导幼儿能以自身为中心来辨别左右关系。有一名幼儿教师在开展了一轮主题集体教育活动之后，出了一道测试题，用以评价幼儿达成学习目标、能以自身为中心辨别左右的程度。题目如下。

小白

小丽的车　　　小小的车　　　小花的车　　　小白的车

图中有四只兔子和四辆小车。已知第二只兔子是小白,小丽在小白的右边,小花在小白的左边,小小在小丽的右边,请你用线段将每只兔子和它的小车连起来。

不难发现,这道题的用意十分明显,教师想考查学生是否能正确区分左右。在课上,多数孩子在听完教师的指导语后都能正确地连线,但是不是就说明这些孩子真的达成学习目标了呢?答案是否定的。当时,研究者单独询问了一名回答正确的幼儿,对话内容如下。

研究者(指着兔子小花)问道:为什么你说这只兔子是小花?
幼儿:四只兔子就这一只头上有花,所以它是小花。
研究者又指着兔子小小问:为什么这只是小小啊?
幼儿:四只兔子就它个儿最小啊。
研究者指着余下的兔子问:那这只为什么是小丽?
幼儿:这只是小花(指了指小花),这只是小白(指了指小白),这只是小小(又指了指小小),那这只不是小丽它是谁呢?

由对话可知,这道题目并不能准确评判幼儿是否能区分左右,不能准确评判幼儿达成学习目标的程度,教师不能据此对幼儿学习情况做出准确的推论。换而言之,即这道题的效度不好。那么,这道题就不能为教师和教和学生的学提供有价值的信息,相反却在一定程度上迷惑、误导了教师。

效度是高质量评价的首要条件。一道测试题，或者一套测评方案，只有其效度良好，才能创造好的评价。如果测试题目效度不良，即使其信度、难度、区分度等其他指标都合乎测量学要求，也没有什么实质意义，也不是好的评价。

什么是效度

要深入理解评价效度，需要对测验发展的历史进行回顾和分析。[3] (148-149)测验最早的用途，主要是评价个体在特定领域已经学会了什么，已经掌握了哪些知识和技能，或者已经具备了哪些能力。学校的单元测验、期末考试，以及驾驶员执照测试，都体现了这种用途。这种测验的质量分析，需要把实际测验内容与测验所要评价的内容领域相比较，从而确定测验内容是否代表了要测评的内容，这里分析的是评价的内容效度。

测验发展到第二个阶段，人们将效度分析的重点由内容代表性转到预测准确性上。测验测量了个体当前在某个特定领域的表现水平，那么，现在或将来的某个时候，个体在一定情境中会表现如何？比如，某个学生在中考英语考试中得了高分，那么她在半年后举行的高中生英语学习大赛中是否也会得高分呢？在以后的高中学习中是否也表现优秀呢？又如，某个成年人参加模拟驾驶测验表现不俗，那么让他马上参加实地驾驶测试，他能顺利通过吗？他通过了实地驾驶测试，拿到了驾驶执照之后真正到城市道路上开车，他能驾驭自如吗？出于这种考虑，人们把效度理解为测验分数与某个外部效标①分数之间的相关，相关越大，表明效度越好。这里分析的是效标关联效度。

后来，随着测验理论研究的发展，人们又提出了结构效度概念。结构（construct），也称作构念，它是一种要测量的特质，源自很多直接可观察行

---

① 效标：估计测验的效标关联效度必须先确定效标，效标是衡量一个测验是否有效的外在标准。比如，要估计"大学入学考试"的效标关联效度，效标可以是"大学学习成功"，用大学头两年某些相关学科的平均成绩表示，只要计算每一个学生的大学入学考试成绩与大学头两年平均成绩的相关系数，就可以估计测验的效标关联效度。

为所共同具有的一般特性，通过对行为样本的观察分析予以测评。一个测验是否测量到所要测量的特质？实际测到所要测量的理论结构或特质的程度如何？这就是分析结构效度。比如，有老师编制了一套口语交际能力测试题目，全部是纸笔测验，那么它是否测量到学生的口语交际能力呢？测量到的程度如何？理论分析会发现，语言有三种表达形式，分别是书面语言、口头交际语言和独白，这位老师所编制的测验实际能测到的主要是书面语言能力，而不是口语交际语言能力，因而结构效度不良。

当前，人们试图将不同的效度类型整合起来，逐渐形成一个统一而内涵丰富的概念。[4]效度被界定为"根据特定用途支持分数解释的那些事实和理论的有效程度"，[1](12)通俗点说，即对于一个既定的目标，在做出推论和提供解释过程中测评的有用性程度。每个测评都要基于所收集到的数据，对评价对象在某个特定领域的表现做出推论，而在推论和解释过程中测量的有效程度，就是效度。

这样，效度由原来的多种类型，演变成一个综合的概念。效度只有一个，证明效度的证据则来自多个方面。

效度的估计方法

要分析测验或评价在形成推论和解释过程中的有用性，必须提供多个方面的证据。在《教育与心理测试标准》中，证据包括但不局限于以下5种：基于测评内容的证据、基于解题过程的证据、基于内部结构的证据、基于和其他测验关系的证据，以及基于测评结果的证据。[1](16-24)也就是说，在实践中估计测验的效度，要综合内容效度、结构效度、效标关联效度等多方面的证据予以分析。以下我们对常见的证据分析方法予以深入阐释和讨论。

基于测评内容的证据

对测评内容进行分析，可以考查一个测验实际测量的内容与所要测量的内容之间的吻合程度，从而确保所测为所欲测，所评为所欲评，这实际上就是传统意义上的内容效度。[5](80)[6](314)分析评价的效度，通常首先要求提供内容效度方面的证据。

估计一个测验的内容效度,就是去确定该测验在多大程度上代表了所要测量的领域。在图3-1中,长方形代表了要测评的范围,而圆点代表题目,圆点的数量越多,且覆盖长方形的范围越大,内容效度就越好。A情况的代表性优秀,内容效度良好,而B、C、D和E的代表性不充分,F属于糟糕水平了。不仅是成就测验,各种测评工具都要明确其欲测范围和题目的代表性,以确保内容效度。

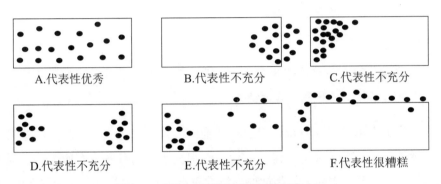

图3-1 题目对评价范围不同的代表水平

以语文学科期末考试为例,语文课标明确规定,各学段语文学习包括识字与写字、阅读、写作、口语交际和综合性学习等方面,这几个大的学习领域及其具体的学习要求构成了图中的"长方形",也就是语文学习评价的内容范围。作为一个完整的语文期末考试,只有评价任务或测验题目(即小圆点)具有一定的数量,且均衡地分布在整个内容范围(如小图A),它们才具有充分的代表性,才能真实、有效地反映学生学习的实际状况。而如果题目仅选自少数领域(如小图C),只考查阅读和写作,其他领域的知识与技能都不涉及,或者有些题目根本没有落在评价范围之内(如小图F),题目不是在考语文,而是在考科技知识或其他领域的内容,考试的内容效度就不够理想。[7]

再举一个更具体的例子。在课改初期,很多地市的小学语文期末考试都采用过类似的一道题目,用以评价学生古诗默写情况。

本学期我们一共学习了8首古诗，你最喜欢其中的哪一首，请你把它写下来。

这道题目测量的内容范围是本学期学习的8首古诗，教师意欲通过这道题评价学生8首古诗默写的掌握程度。但稍作分析就会发现，这个古诗默写测验的内容效度不好，因为让学生自由选择一首他"最喜欢"的古诗，学生通常都会选择一首难度最小、不容易出错的古诗作答。如此一来，学生在这道题上的表现就不能有效推测学生8首古诗默写的情况。

如果把题目修改下，变成下面这样：

本学期我们一共学习了8首古诗，其中有一首是歌颂母爱的，请你写出这首古诗的名称，并默写整首古诗。

由学生自由选择一首诗，变成教师抽取一首诗来考查，修改后的题目对整个评价范围（默写8首古诗）的代表性提高了，内容效度有所改善，但它仍然具有一定的局限性。教师抽取的诗歌只有一首，如果恰巧这一首学生会，而其他几首不会，或者恰巧这一首不会，而其他几首都会，那还是不能准确反映学生古诗默写的情况。

再次修改，新的古诗默写测验变成这样：

（1）沉舟侧畔千帆过，_____。

（2）无可奈何花落去，_____。

（3）长风破浪会有时，_____。

（4）《过零丁洋》中直抒胸臆，表明了作者文天祥以死明志的决心的两句诗是：_____，_____。

新测验从8首古诗中抽取4首命题，题目覆盖的范围扩大了，内容的代表性也就提高了，内容效度进一步改善。当然，我们也可以进一步质疑，这个新测验的内容效度仍有问题，还可以改进。但需要注意的是，效度是一个相对概念，心理与教育测验通常是间接测量，效度不可能达到百分之百，只能在某种程度上做到尽量有效。

分析内容效度主要采用逻辑分析法，[8](62-63)也叫专家评判法，其基本思路就是请有关专家判断测验题目与预定测评范围吻合的程度。具体步骤是：（1）邀请本领域的测评专家和资深教师，组成专家工作组；（2）明确欲测内容范围，一般从内容和能力两个方面进行分析，最后形成双向细目表，明确每个纲目的题目比例；（3）分析每道题目的效度及整套测验题目的覆盖率、代表性和难度等，对整个测验的有效性做出总的评价。

《教育与心理测试标准》明确指出，当测验被作为一个课堂教学成绩的考查指标时，或针对某个具体的课程标准考查教育质量时，需要提供证据说明测验在内容取样方面的代表性程度。[1](248)在我国，近些年来，测验越来越多地用于教育质量监测项目，到底学生是否达成及在多大程度上达成了课程标准，要通过测验予以分析。测验编制者应向公众提供有关内容效度的证据，说明测验的合理性。即便是教师在单元结束时或期末举行的自编测验，教师也要参照有关程序对测验内容进行分析，确保测验内容的代表性，提高测验效度。

基于解题过程的证据

对学生解题过程进行理论和实证分析，可以考查学生关键表现是否与欲测结构一致，测验是否测到所要测的特质，以及学生作答除反映欲测特质之外是否还受其他因素的影响，从而对测验的结构效度做出评判。如果一个智力测验实际测到的只是智力的某一种成分，或者已经完全脱离智力范畴，测了学生的知识掌握程度和技能熟练水平，那么它的结构效度就需提高。例如，像前文提到的那道区分左右的测验题，原本题目要评价幼儿是否能正确区分左右，可是最终解题过程并不需要学生使用区分左右的知识，所以该题目的结构效度不好。

对解题过程进行分析可以采用出声思考（aloud thinking）的方式，也就是让学生在解题过程中将自己的思考和解题过程出声说出来，分析者可以从中发现学生解题时应用了哪些知识、技能、经验或能力，在这些成分中，哪些是解题的关键、哪些属于意欲测量的内容、哪些已经超出了评价范围，从而判定结构效度的好坏。

举个例子，某市在中考数学卷中出了这样一道题：

-2，3，-4，-5，6这五个数中，任取两个数相乘，积最大的是（　　）。
A.10　　　　B.20　　　　C.-30　　　　D.18

本题中，命题者意欲考查的核心知识是有理数的乘法，要看学生是否掌握"两个有理数相乘，同号得正，异号得负，并把绝对值相乘"的运算规则。但是，如果让一个学生在解题过程出声思考，会发现本题的结构效度不理想。

这里要选择乘积最大的一个，从 A 到 D，4 个数中最大的是 20，所以正确答案是 B。

学生回答正确，本题得分，但学生是否掌握了有理数乘法规则，不得而知。如果将本题 C 选项由 -30 改成 30，那么仅仅掌握有理数大小比较方法，但没有掌握有理数乘法运算规则的学生就可以甄别出来，就可以更准确地评价学生有理数乘法运算的掌握程度，题目的结构效度就提升了。

PISA 项目中，命题者在认知类试题开发过程中分析结构效度的程序更加完善，值得我们借鉴。他们的具体做法是[9]：（1）最初准备：根据双向细目表编制题目；（2）试题审查：从学生及编码者的视角对题目进行审查；（3）认知性访谈：让学生回答问题，在回答过程中出声思考，在答题结束后辅以个人访谈和小组访谈；（4）试点测试：在考试情境中试测，进一步分析题目的结构效度。这种通过多个环节、多个视角、多个途径收集效度证据的方法，虽然成本较高，但能确保题目的结构效度，在大规模、高利害评价项目中十分必要。

在我国，结构效度的审查在中高考命题中尚未受到应有的重视，教师自编测验更是很少涉及，所以，各种试卷中经常出现结构效度不好的题目。

例如，某市中考语文试卷中出了一道阅读题。题目先提供了一份有关纳米技术的阅读材料，然后出示题目要求："纳米技术广泛地应用前景就连想象力极强的人也无法全部想到。请结合对本文内容的理解，联系生活实际，发挥联想和想象，设计一个运用纳米技术的科技小制作。"与此类似，另一个地区在中考阅读题中，让学生阅读有关材料后回答，"要使建筑物防震，除文章介绍的方法外,还可有其他许多方法,请发挥你的想象力,为建筑抗震房屋想一个办法"。对学生解题过程进行分析就会发现,"设计运用纳米技术的科技小制作"和"设计抗震房屋"都是创造发明,虽然体现了将学科整合、综合实践的课改精神,但所考查的内容却是非语文的,与阅读能力关联不大,不能准确评价学生的阅读能力。[10](118)这无形中降低了评价的结构效度,使我们不能由分数准确推论学生的阅读能力发展水平。如果学生得分高,我们不能简单地说他们阅读水平高;如果学生得分低,我们也不能简单地说他们阅读水平低。

只有收集基于解题过程的证据,确保每道题目的结构效度符合要求,一整套测验的内容效度才能有保障。解题过程分析在实践中亟待加强。

基于和其他测验关系的证据

考查测验分数和其他测验分数的关系是效度分析的另一重要证据来源。这类证据又可以细分为以下 4 种情况。

第一种是聚敛效度证据,指将测验分数与其他测量相同或相似结构测验的分数做比较,分析两者的相关。如果两者相关较强,就说明这个测验的聚敛效度好。比如,有一套全部是客观题(包括选择、匹配、判断等题型)的 9 年级生物期末测验题,学生考完之后会得到各自的分数,将学生客观题测验得分与学生在另一套以主观题(包括简答、分析等题型)为主的 9 年级生物期末测验题上的得分做相关分析,由于两个测验虽然题型有差异,但都是评判学生经过一个学期的生物学习达成既定学习目标的程度,如果发现两者相关为 0.8 以上,说明这套客观题测验的聚敛效度很好;如果发现两者相关在 0.3 以下,则说明两个测验中至少有一个测验的效度不好。

第二种是判别效度证据,指将测验分数与其他测量不同结构测验的分数做比较,分析两者的相关。如果两者相关太强,超出合理限度,就说明这个测验的判别效度不好。比如,教师出了一套考查学生生物知识理解与记忆情况的测验,考完后学生得到了各自的分数,将学生生物知识测验得分与学生在另外一套考查生物探究能力的测验上的得分做相关分析,两个测验虽然同为生物测验,但测量的目标是不同的,如果发现学生在两个测验上得分的相关系数高达 0.9 以上，就可以怀疑这个生物知识测验的判别效度不理想。

第三种是同时效度证据，是效标关联效度的一种，指将测验分数与另外同时收集的效标测验分数相比较，分析两者的相关。效标是衡量一个测验是否有效的外在标准。同一个测验可以有多个效标。要准确分析测验的效标关联效度，效标测量本身必须是有效的和可靠的，而且必须客观、实用。比如，某个生物教师自编了一套中考模拟卷，将学生在模拟卷上的得分与学生同时用上一年度当地中考生物卷（学生在此前从未接触过这份试卷）的得分做相关分析，发现两者的相关在 0.4 左右，说明这个教师自编生物测验的同时效度不佳。同时效度的相关系数到底多大合适，有赖于效标的选择和相关理论分析。

最后一种是预测效度证据，也是效标关联效度的一种，指将测验分数与另外一个后来收集的效标测验分数相比较，分析两者的相关，考查这个测验是否能有效预测评价对象在效标变量上的表现。比如，研究者先在儿童 8 岁时进行智力测验，到这批儿童 18 岁参加高考时又收集他们的高考分数，然后分析 8 岁智力测验分数与 18 岁高考分数之间的相关，看 8 岁时智力测验分数能在多大程度上预测儿童多年后的高考成绩，这就是预测效度。同理，将学生在中考生物模拟测验上的得分与他们两个月后在实际中考中的生物测试得分做相关分析，看中考模拟卷的预测力，也是在分析预测效度。预测效度保持在适当水平，测验才是有效的，可信的。

上述四种效度证据的分析需要收集学生在其他测验上的成绩，还需要对成绩进行匹配和相关分析，所以在实践中的应用相对较少。不少地方在中考前有一模和二模，学生通常依赖模考成绩填报志愿，但究竟模考的同时效度和预测效度如何？测验是否需要改进以及需要怎样的改进？很多地方通常只是依赖定性分析和主观评判，缺乏实证分析。高考也存在类似的问题，这种决定考生命运的关键考试是否能准确预测学生在大学的表现乃至职场中的成就？未来即将推进的高考英语社会化考试与国际上权威的英语能力测试相比，同时效度、聚敛效度或预测效度是否达标？有关分析不能止于定性分析，需要提供实证数据资料，才能确保评价的效度，令人信服。

信 度

为了保证测量的准确性，有时候需要通过多次测量来予以验证。如果一个东西，今天测量和明天测量的结果相差很大，人们就会对测量的准确性产生怀疑；如果同一个东西，用两种不同的工具测量所得的结果不一致，到底要相信哪一个？还是两个都不准确，都不值得信赖？这些都需要细致分析。对多次测量结果的一致性程度进行分析，就是信度（reliability）分析。信度是评价质量分析的又一重要指标。

什么是信度

信度指多次测验结果的一致性程度，具体点说，就是在不同时间，使用同一测验或使用两个平行测验，或者在不同测试条件下，对同一组被试实施多次测验所得分数的一致性。[3](84)

信度反映了测量过程中所存在的随机误差的大小。经典测量理论认为，人的教育成就和心理特质是一种客观存在，具有相对的稳定性，是可以测量的。但由于测量误差（measurement error）的存在，每次实际测量的数值（观察分数，记为 X）都很难和该特质的真正水平值（真分数，用 T 表示）完全一致。于是假定，观察分数与真分数之间是一种线性关系，并只相差一个随机误差（random error，记为 E）。

用公式表示，即：X=T+E。

由这一公式可以发现，在一个测验中，随机误差越小，测量分数越稳定和一致，测验的信度就越高。

信度高是效度高的必要条件。如果多次测验或评价的分数间没有相关性，测验的信度不高，结果就不可信，效度也不可能高。

相关分析

信度描述的是一种程度，是依靠测验提供稳定、非模棱两可信息的程度，[6](276)是多次测验结果的一致性程度。它的估计主要通过相关分析完成，掌握相关分析方法是信度分析的前提。

相关分析考查两个变量之间的相互关系。两列变量相关关系通常用相关系数 r 表示。下面的表达式描述了相关系数的取值情况：

$-1.00 \leqslant r \leqslant 1.00$

相关系数具有如下特点：(1)相关系数 r 常用小数形式表示，取值范围介于 -1.00 至 1.00 之间。(2)相关系数的正号和负号表示双变量数列之间相关的方向，正值表示正相关，即一个变量随着另一个变量的增加而增加，下降而下降；负值表示负相关，即一个变量随着另一个变量的增加而下降。(3)相关系数 r=1.00 时，表示两个变量完全正相关；r=-1.00 时表示完全负相关；r=0 时则表示两个变量完全相互独立，无任何相关性。(4)相关系数取值的大小表示相关的强弱程度。相关系数的绝对值越接近 1.00，相关程度越密切；相反，相关系数的绝对值越接近 0，相关程度越低。

在相关分析中，可以采用散点图表示两个变量之间的关系。在一个平面直角坐标系中，以一列变量（如 X 变量）为横坐标，以另一列变量（如 Y 变量）为纵坐标，将每对数据 Xi、Yi 当做同一平面中的一个点，逐个绘制在这个坐标系中，形成的图形就是散点图。在散点图中，点的散布形状和疏密程度表明了两个变量的相关趋势和程度。

图 3-2 提供了 6 种不同形状的散点图，代表了不同的相关关系。A 图中，每一对数据值都准确地落在一条斜线上，且斜线左低右高，这代表了完全正相关，相关系数是 1.00；B 图中，所有数据值也都落在一条斜线上，但斜线的方向与 A 图不同，是左高右低，这代表的是完全负相关；C 图和 D 图中，数据点呈椭圆形，基本上分布在一条斜线的上下，表明两列变量呈较强的正相关或负相关；E 图中，Y 变量没有因 X 变量的变化而发生任何变化，所有数据分布在一条平行与 X 轴的直线上，说明两个变量完全没有关系，r=0。F 图中，Y 变量随 X 变量的变化而变化，但变化没有任何规律，散点图呈圆形，两个变量呈零相关或弱相关。

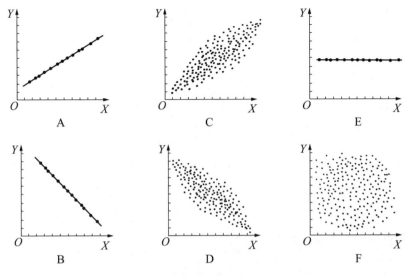

图 3-2　不同形状的散点图所表示的相关度

相关系数的精确计算可以根据数据条件采用不同的方法。皮尔逊积差相关法是最为常用的一种方法。计算皮尔逊相关要求数据满足以下条件：（1）要求成对数据，即若干个体中每个人都有两种不同的观测分数。如，学生的数学成绩和语文成绩；又如，学生第一次考试的分数和第二次考试的分数。（2）成对数据的数目不少于30。如果样本量过小，数据就缺乏代表性，很可能本来无关的两个变量却计算出较大的相关系数，原本有正相关的两个变量也可能得到弱相关的结果。（3）两列变量各自总体的分布都是正态，至少是接近正态的单峰分布。需要注意的是，这里要求的是两个变量所属的总体呈正态分布，而对要计算相关系数的两个观测数据，并不一定非要正态分布。（4）两列变量都是连续变量。（5）两列变量之间的相关是线性的。

如果直接运用原始观测值计算皮尔逊相关，可采用下面的公式：

$$r = \frac{N\Sigma XY - \Sigma X \Sigma Y}{\sqrt{N\Sigma X^2 - (\Sigma X)^2} \cdot \sqrt{N\Sigma Y^2 - (\Sigma Y)^2}} \quad \text{（公式 3-1a）}$$

如果运用标准差和离均差计算皮尔逊相关，公式为：

$$r = \frac{\Sigma xy}{NS_x S_y} \quad \text{（公式 3-1b）}$$

式中：x、y 为两个变量的离均差，$x=X-\overline{X}$，$y=Y-\overline{Y}$；N 为成对数据的数量；S_X 为 X 变量的标准差；S_Y 为 Y 变量的标准差。

而如果数据条件不适合计算皮尔逊相关，就需要根据条件选用斯皮尔曼等级相关、肯德尔等级相关、二列相关等其他计算方法。

现在，计算机为数据统计分析提供了非常大的便利。SPSS 软件或 Excel 软件都可以为相关系数计算提供支持。

信度的估计方法

信度是测量过程中所存在的随机误差大小的反映。由于造成测量随机误差的来源或方式多种多样，所以信度的估计方法也多种多样。常用的信度分析方法有评分者信度、同质性信度、复本信度、重测信度等四种。

评分者信度

评分者信度指多个评分者给同一批人的答卷进行评分的一致性程度。在测验中，客观题的答案是唯一的，评分很少出现误差。而主观题的答案是开放的、多样的，评分具有一定的主观性，针对同一个被试的回答，不同的评分者可能给出不同的评分。

图 3-3 是一个示意图，它描述了评分者甲和乙两人对同一批被试答题的评分。在圆圈中的这个学生，评分者甲给了她 5 分，但乙给了 4 分，两人评分相差不大；而在方框中的这个学生，评分者甲给了他 6 分，但乙给了 2 分，两人评分相差有点大。在主观题评分中，要使多个评分者的评分完全一致不太可能。在本图中，除方框中这个学生的评分需要讨论和校正之外，两个评分者给其余学生的评分基本一致，相差不大，在可接受范围之内。如果计算评分者信度，应该处于 0.8 以上，属于较好水平。

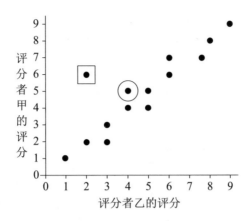

图 3-3 评分者甲和乙评分的一致性分析

分析评分者信度,要计算评分者分数之间的相关系数。当评分者人数为两人时,评分者信度等于两个评分者给同一批对象评分的相关系数。如果采用原始的评分计算,可计算皮尔逊积差相关;如果采用基于原始评分转换而成的等级序数计算,就要计算斯皮尔曼等级相关。需要注意的是,同一组原始数据,使用斯皮尔曼等级相关计算评分者信度,要比使用皮尔逊积差相关计算精确度差一些。

当评分者人数多于两个时,上述基于双变量的相关计算方法就不适用了,分析者需要采用肯德尔和谐系数进行估计。计算肯德尔和谐系数,需要将原始评分转化成等级序数,相当于让每个评分者对 N 个被评对象的表现排出一个等级顺序,得分最低的等级序数最小,为 1,最大的等级序数为 N,这样就可以得到 K 列从 1 至 N 的等级变量资料。有了这份资料,可采用如下公式计算肯德尔和谐系数。

$$W = 12 \left[\sum R_i^2 - (\sum R_i)^2 / N \right] / \left[K^2 - (N^3 - N) \right] \quad \text{(公式 3-2)}$$

式中:K 表示评分者人数;N 表示被评对象的人数;R_i 为第 i 个被评对象考卷被评的水平等级之和。

例如，评分者甲、乙和丙对7篇学生作文进行背靠背的独立评分，满分为30分，三人给7个学生的原始评分从14到30分不等，参见表3-1。将三人评分转化成他们对7篇作文的等级排序，然后计算出 R_i 和 R_i^2，经由公式3-2可得，三人评分的肯德尔和谐系数是0.82，表明三人评分高度相关，具有较好的一致性，即评分者信度较高。

表3-1 三人作文评分一致性分析示例表

被评作文 $N=7$	原始分			等级序数			R_i	R_i^2
	甲	乙	丙	甲	乙	丙		
1	25	22	19	2	3	3	8	64
2	30	26	20	6	6	4	16	256
3	27	21	18	4	2	2	8	64
4	20	20	14	1	1	1	3	9
5	28	26	21	5	5	5	15	225
6	32	30	22	7	7	6	20	400
7	26	25	26	3	4	7	14	196
合　计							84	1214

要提高评分者信度，减少评分环节的随机误差，必须制定清晰、可操作的评分标准，在正式评分之前加强对评分者的培训，且确保评分者有足够的评分时间。

在我国，在大规模、高利害测验评分中，主观题评分的一致性问题已经受到主管机构的注意。例如，在高考阅卷中，有关主管部门规定：各评卷点分学科成立学科评卷小组，组长由具有本学科高级职称的人员担任。高考作文要由2人分别评阅，其他题目一人一题单独评阅。2人给出的分数在评卷小组设定的评分误差范围内的，取2人所评分数的平均值；超出评分误差范围的，由评卷小组讨论确定。但值得注意的是，主观题评分被人为控制在可接受的误差范围内，并不意味着评分者信度已经合乎要求。如果为了减少与他人评分的差异，每个评分者都有意识地在平均分数附近随意给分，与他人分差得到了有效控制，但这种评分的效度难以保证，客观性和公正性也会因此而下降。要解决这个问题，大规模、高利害考试的组织者必须高度重视评分者培训，允许评分者在充分阅读学生答卷的基础上，严格依照标准评分。更重要的是，组织者要向公众提供试评价中有关评分者信度的数据，证明本次多人评分的结果是一致、可信的。

同质性信度

同质性信度，也称内部一致性信度，它有两层含义，其一是指同一测评工具中所有题目测的都是同一种心理特质，其二是所有题目的得分之间都具有较高的正相关。如果一个测评工具的同质性信度不高，就说明测评结果可能是某几种心理特质的综合，用题目总分或平均分来解释测验结果就要谨慎。这时候，需要经过探索性因素分析将题目分解成多个具有同质性的分测验，再根据测评对象在分测验上的得分做出解释。在教育实践中，多数测验都希望测量单一的变量，比如数学学习成就，又如阅读能力，那就需要分析考查同一种变量的所有题目具有内部一致性，其同质性信度合乎测量学要求。

一种粗略估计同质性的方法是求测验的分半信度，即将所有测验题目平均分成两半，计算被试在两个分半测验中的得分的相关系数。但这种方法所计算的信度系数受分半方法影响较大，结果不稳定。

为克服这一局限性，库德（G. F. Kuder）和理查德逊（M. W. Richardson）于1937年提出了一个计算方法，适用于客观题的同质性信度分析。其公式是：

$$r_{xx} = [K/(K-1)] / [1-(\Sigma p_i q_i)/S_x^2] \qquad （公式3\text{-}3a）$$

式中：K 表示题目数；p_i 表示答对第 i 题的人数比例；q_i 表示答错第 i 题的人数比例；S_x^2 为测验总分的方差。

对于主观题，或者既包含客观题又有主观题的混合类测验，克隆巴赫（L. J. Cronbach）后来提出了一个新的计算方法，公式如下：

$$\alpha = [K/(K-1)] [1-(\Sigma S_i^2)/S_x^2]$$

式中：K 是题目数；S_i^2 指测试对象在每道题上得分的方差；S_x^2 指测试对象在测验总分上的方差。

采用这一公式计算出来的同质性信度也叫克隆巴赫 α 系数。现在，使用 SPSS 统计软件计算 α 系数已经十分简便。具体做法是，在视窗中点击 analyze，接下来在下拉菜单中选择 scale、reliability analysis 和 alpha，再将测评同一特质的题目选入题目框即可计算出这些题目的 α 系数。α 系数愈高，则测评工具的内部一致性程度愈高。一般来说，α 信度至少应达到 0.80，但在不是十分严谨的评价情境下，α 信度达到 0.70 也可接受。

复本信度

复本信度指用两个平行的测评工具测评同一批对象所得结果的一致性程度，其大小等于同一批对象在两个复本上所得分数的相关。一般用皮尔逊积差相关法予以计算。这个相关系数也叫等值性系数。

在大规模、高利害的重大考试中，命题者不能只编一套考试题目，他们通常要编制多份平行的测验。严格意义上，多个平行测验在题目内容、数量、形式、效度、信度、难度、区分度、指导语、时限以及所用的公式等诸多方面都要相同或相似，这才能保证复本间的一致性，保证即便不同的人考不同的平行试卷，也可以获得公平的评价。需要注意的是，在我国，很多重大考试的命题都有多套试卷，但由于题目没有经过正规的试测，其难度、区分度只是靠命题者的预估，不够准确，所以复本之间的信度未必经得住考验。在某些年份，有些地市在中高考中出现试题泄露或听力题放错录音等情况下，使用了备用的平行试卷，但却没有人提供这些试卷复本信度的数据，这种做法不够严谨。两份试卷或多份试卷之间是否等值，在很大程度上影响着评价的公平性。

另外一个值得关注的现象是，我国目前开始借鉴国际经验，在某些学科测验中推行一年多考制度。比如英语，2017 年起部分省份高考英语采取一年两考，学生在高中一年级就可参加全国统一的社会化统考，整个高中三年可参加六次英语社会化考试，取最高分记入高考成绩。那么，多次英语考试采用不同的试卷，形成了多个平行的测验，这些测验的复本信度是否有保证，组织者应就此对公众进行解释。

重测信度

重测信度指用同一个测评工具对同一组对象施测两次所得结果的一致性程度，其大小等同于同一组对象在两次测验上所得分数的皮尔逊积差相关。这个相关系数反映了测评数据的稳定性，因而也叫稳定性系数。当稳定性系数较大时，说明前后两次测验的结果比较一致，在第一次测验中得高分的人，在第二次测验中也会得高分；在第一次测验中得低分的人，在第二次测验中也会得低分，测评工具比较稳定。

重测信度分析需要满足3个条件：（1）所测评的教育成就或心理特质必须是稳定的。如果某项成就在短期内会有很大变化，就不适用重测信度。（2）两次测验之间要间隔一定的时间。有了第一次测验，被试可能会获得某种技巧，但只要间隔一定的时间，这种学习效果就基本上会被遗忘，遗忘和练习的效果可以相互抵消。至于两次测验究竟要间隔多少时间，是几个小时，还是几天或几月，要视测验的目的和题目内容而定。（3）在间隔期内被试没有获得相关的学习和训练。如果在间隔期间内，被试学习了有关内容，特别是有些被试学了而另外一些被试没有学习，那就不能再分析重测信度。

通常，智力测验、人格测验、能力测验等需要提供重测信度的证据。而在教育测验与评价中，关键性考试也有必要对重测信度进行分析。

难度和区分度

难度和区分度是题目分析的重要内容，也是元评价的常见指标。一般而言，无论是形成性测验，还是终结性测验，教师都会对试题的难度和区分度进行分析。难度和区分度适当，才能帮助测验和评价发挥其预定功能。

难　度

难度，顾名思义，就是测评题目的难易程度。一道题目或一个测验，如果大部分被试都能答对，那么它的难度就小；如果大部分被试都答不对，就说明它难度比较大。

难度的计算比较简单。如果题目是客观题，可以用二分法记分，通常使用通过率来表示难度。公式如下。

$$P = R / N \qquad \text{（公式 3-4a）}$$
式中：P 代表项目难度；N 为全体被试数；R 为答对该题目的人数。

例如，在 250 名学生中，答对某道题目的学生有 150 人，则该题目的难度为 0.60。

如果题目是主观题，采用非二分法记分，学生会得到从零到满分之间的一个分数，那么难度通常用平均得分率来计算，公式如下。

$$P = \bar{X} / X_{max} \qquad \text{（公式 3-4b）}$$
式中：$\bar{X}$ 表示所有被试在题目上的平均得分；X_{max} 表示该题目的满分。

例如，语文作文满分为 40 分，250 名学生参加这次考试，作文平均得分为 30 分，那么作文的难度就是 0.75。

题目的难度水平会影响学生的成绩以及对教师教学质量的判断，在高利害测验中，难度也会影响学生的升学或就业，因而难度需要谨慎确定。一般而言，在选拔性测验中，题目难度应控制在接近录取率左右。而在标准参照测验中，比如单元测试、期末考试或学业水平测试，题目要严格依照课程标准或既定目标来编制，可以不必过多考虑难度。但是，在实践中，有些时候课程标准也并不是完全清晰界定的，不同人对标准的理解可以有一个合理的弹性空间，而在这个空间之内，标准参照测验的难度也需要拿捏。

以数学题为例，有教师在讲完"长方形和正方形周长"之后，出了一道题，用以考查学生达成既定目标的程度，考查学生是否掌握了有关知识和技能。题目如下：

有一个正方形，长 12 厘米，将它如图所示分成大小完全相等的三个小长方形，求其中一个小长方形的周长。

而另一名教师在讲完同样的内容之后，出了另外一道题，如下：

有一个长方形，已知长 12 厘米，宽未知。从这个长方形中去掉一个最大的正方形，求剩余小长方形的周长。

两道题都是在考查学生有关长方形和正方形周长的知识，都是依照既定教学目标设计的，但难度明显不同，后者的难度高于前者。在后一题中，学生需要整合长方形和正方形的性质特点来解题，一个正方形的四条边是相等的，所以小长方形的长和宽相加刚好等于大长方形的长，是 12 厘米。那么，小长方形的周长就是 12 乘以 2，等于 24 厘米。后一题带给学生的挑战更大，能更好地激发学生学习兴趣，并进而促进学生能力的提升。所以，即便是单元测试和期末考试，教师也要拿捏好题目的难度，使之更好地服务于教学。

区分度

区分度指测验题目对被试表现差异的区分能力。具有良好区分度的题目，能有效将不同水平的被试区分开来，即水平高的被试在这道题上通过的可能性大或在这道题上会得到较高的分数，而水平低的被试在这道题上通过的可能性小或在这道题上得分较低。评价题目的区分度要先确定被试的水平，也就是效标分数。在实践中，人们通常用被试在一个测验上的总分作为反映其整体水平的指标，所以这个效标分数被称作内部效标。

如果题目是客观题，可以用二分法记分，其区分度一般用鉴别指数法计算。具体做法是，先按照被试的测验总分由高到低排序，然后选择前27%的被试作为高分组，后27%的被试作为低分组，分别计算高分组和低分组被试在某道特定题目上的通过率，最后计算两个通过率之差，就得到了鉴别指数，一般用D表示，公式如下：

$$D=P_H-P_L \quad \text{（公式3-5）}$$

式中：P_H表示高分组被试在该题目上的通过率；P_L表示低分组被试在该题目上的通过率。

举个例子来说，高分组在某题上的通过率为0.78，低分组的通过率为0.45，那么这道题的鉴别指数就是0.33。

在鉴别指数计算中，高分组和低分组的确定需要特别说明。将测验总分排序后将前27%作为高分组、后27%作为低分组是最常见的做法。之所以这样做，是因为有研究发现，当分数呈正态分布时，这种区分方法最有效，能使高分组和低分组的差异尽可能放大，又可以使两组人数尽可能多。当然，当效标分数较正态分布平坦时，分析者也可以采用不同的分法，高低分组各占的比率可高于27%，但一般应低于33%。当样本团体的人数较少时，小于100，也不宜使用27%区分法，可以考虑把被试分成两半，上下两半分别作为高分组和低分组。总之，高分组和低分组的区分具有一定的人为规定性，在报告鉴别指数时要先说明两组的界定方法。

鉴别指数处于 -1.00 至 1.00 之间。指数越大，说明区分度越好。1965 年，美国测验专家艾伯尔（R. L. Ebel）根据多年研究经验提出了一份鉴别指数评价标准，见表 3-2。

表 3-2 题目鉴别指数评价标准

鉴别指数	题目评价
0.40 及以上	很好
0.30~0.39	良好，修改后会更好
0.20~0.29	尚可，仍需修改
0.19 及以下	差，必须淘汰

如果题目属于主观题，评分在零至满分之间，这种题目的区分度则要通过计算题总相关予以分析。相关越高，说明题目的区分度越好。题总相关，即计算被试在某道题上得分与测验总分之间的相关，其计算方法通常采用皮尔逊积差相关法，但也不尽然。在不同的数据条件下，需要采用不同的方法。比如，当题目为主观题，评分是连续的，但被人为分成通过和不通过两个类别时，题总相关的计算要采用二列相关法。其计算公式如下。

$$r_b = \frac{\bar{x}_p - \bar{x}_q}{S_t} \cdot \frac{pq}{\gamma}$$

（公式 3-6）

式中：p 为通过该题目被试的人数百分比；q 为没有通过该题目被试的人数百分比；$\bar{x}_p$ 指通过该题目被试的平均效标分数；$\bar{x}_q$ 指未通过该题目被试的平均效标分数；S_t 为全体被试效标分数的标准差；γ 表示正态分布下 p 与 q 分割点正态曲线的高度。

究竟在计算题总相关时采用何种方法，既可以参考本章在相关分析部分的知识，也可以查阅专门的统计和测量类书籍。

难度与区分度的关系

从难度、区分度的计算公式可以看出，两者是紧密联系的。如果一道题目太难，很少人甚至几乎没有人能答对，那么这道题就难以有效区分高水平和低水平的学生，区分度不好；如果一道题目太容易，大家都能正确作答，区分度也不好；如果题目保持中等难度，比如是0.50，则有可能高分组的所有被试都正确作答，而低分组却无人通过，那么这时的鉴别指数 D 就能达到最大值1.00；如果题目难度为0.70，有可能高分组通过率为1.00，低分组通过率为0.40，那么鉴别指数 D 就是0.60。

有研究者计算了不同难度的题目可能达到的最大鉴别指数，[8](84) 参见表3-3。

表3-3 鉴别指数最大值与题目难度的关系

题目难度	最大鉴别指数
1.00	0.00
0.90	0.20
0.70	0.60
0.60	0.80
0.50	1.00
0.40	0.80
0.30	0.60
0.10	0.20
0.00	0.00

由表可见，中等难度题目的区分度最好，这也是人们在常模参照测验中要求题目保持中等难度的原因之一。当然，需要注意的是，实际编制测验时，不能让一套测验中所有题目都保持一样的难度。在一套测验里，题目的难度分布要有一定的广度和梯度，使整个测验的难度呈正态分布，且平均水平保持在一定的中等难度上，这样才能有效地将各种水平的人区别开来。

公　平

公平是衡量测验与评价质量的重要标准。它要求测验不能让学生因性别、种族、社会经济地位、宗教信仰或其他人口学特征而受到冒犯或不公平对待。近些年来，随着我国教育由规模效益向内涵发展逐渐过渡，教育实践中的公平问题开始受到越来越多的关注。从公平视角分析测评的内容、过程、环境和结果，可以发现一些新的问题，为评价改进提供依据。

不公平的来源

公平通常是在不同群体之间发生的，说评价对某一个群体不公平，总是相对于另外一个群体而言。每个群体都可能在评价中受到冒犯或歧视，我们需要敏感地识别和理性地分析。

性别不公平最容易受到关注。在有些地区，女生的受教育机会少于男生，在教育结果上，女生的成绩也低于男生，所以在讨论评价公平时人们通常首先会想到女生。但实际上，男生也可能遭受不公平对待。在2003年"非典"期间，某市中考减少考试科目，只考了语文、数学和英语三科，高中学校依据考生在三个科目上的得分招录新生。结果发现，在一些传统的优质高中，女生数量比原来明显增多。这主要是因为在语文、数学和英语三科中，有两科属于语言记忆类，比较适合女生。脑科学研究表明，男女生在脑的结构和功能上都具有差异。[11](136-140) 比如：男性大脑左半球灰质的比例显著高于女性；男性大脑皮层有更多的神经元；大多数男性和女性的语言区都在左半球，但女性在进行语言加工时，其右脑也有明显的激活；更多的女生比男生具有左半球优势，而具有右半球优势的男生比女生多；男生在数学、科学等方面的测验得分比较高，而女生在阅读理解、事实和概念记忆等方面比较好。从这一角度来看，女生在三科中考模式中占有优势，而男生受到了不公平的对待。令人遗憾的是，这种性别不公平问题似乎没有受到应有的重视。"拯救男生"，将成为未来教育评价改革亟待关注的一个问题。

家庭社会经济地位低的学生，特别是农村学生，在评价中也容易受到不公平对待。原因很简单，重要考试的命题者多数生活在城市，熟悉城市的生活和城里人的思维方式，所以出题时所选择的背景资料和具体问题通常偏向于城市学生，可能对农村学生不利。比如，课改初期，某市在中考物理题中出了这样一道题，"请找出饮水机上的物理学原理"。命题者为自己将物理测验与生活结合起来感到骄傲，但他却没有意识到，这道题对农村学生严重不公平，因为在当时的农村地区，绝大多数学生根本没有见过饮水机。又如，某大学在美术类艺考中让考生画一只煮熟了的大闸蟹，可是有些家庭社会经济地位不高的学生没有吃过大闸蟹，自然很难在考试中有出色表现。他画不好，不是因为他绘画水平不高，而是因为他家庭条件不好，没有吃过或近距离观察过煮熟的大闸蟹，这样的考试显然有失公允。

目前，越来越多的测验开始强调考查学生在真实情境中利用所学分析和解决问题的能力，那么测验中情境的选择和设计必须照顾城乡差异，让城乡学生有公平参与评价竞争的机会。

此外，不同家庭结构的学生也可能在评价中受到冒犯或不公平对待。现在，我国家庭结构日益多元化，单亲家庭、离婚家庭、再婚家庭的比例都有上升趋势。如果在测验中涉及家庭结构或亲子情感，可能会使有些人感觉被冒犯或被不公平对待。

比如，有一道中考题先让学生阅读一篇歌颂母爱的散文，然后回答问题。

（1）同学们，你们有没有意识到我们的母亲已经人到中年，请你写一段文字，告诉大家母亲人到中年后发生的变化。

（2）请你写一段母亲生日晚宴上的致辞。

（3）请你给同学们介绍一本有关母亲的书。

命题者认为这道题很好，不仅考查了学生的书面语言表达能力，而且关注了学生跟母亲的情感，促进亲子之间的交流。用意虽好，但问题是，如果学生的母亲在未到中年时已经离世，或者学生的母亲与父亲离婚，母亲没有与他生活在一起，他已经多年未见过母亲，那么他如何回答这道题呢？他不能直言自己没见过母亲人到中年的情况，却要忍着心中的难过，写下一些虚构的变化和致辞。这不仅不能考查学生对母亲的情感，反而对这些学生构成很大的伤害，所以这样的测验是不公平的。

公平审查

《教育与心理测试标准》一直高度重视公平审查。比如，该标准要求，除了被认为是内容范畴的正当需要外，测验研制人员应努力鉴别并消除一般被人种、族裔、性别或其他亚群体认为具有冒犯性的语言、标记、短语或其他内容。[1](141) 又如，该标准指出，当有研究报告指出某一测验导致考生因为年龄、性别、人种、族裔、文化、残疾或语言等因素在成绩上有很大差异时，测验编制者应在可行的情况下开展相应的研究，为自己辩护，或者承认问题，并找出克服偏见的方法。[1](140) 美国教育考试服务中心（ETS）于2002年颁布的《质量和公平性标准》[12](19-24)（ETS Standards for Quality and Fairness）也十分重视评价的公平，要求对测验和题目进行正规的公平性审查。

在国外，开发高利害测验时，成立一个专门的小组对试题和整个测验进行公平审查，已成为惯例。这个小组通常由15～25名评论专家构成。[13](63) 每名专家都对测验内容非常熟悉，且对公平足够敏感。有时候，小组要特意邀请能充分了解和代表某个亚群体的专家参与，以更好地识别那些可能具有冒犯或歧视的题目。小组成员要对每个题目和整个测验的公平性进行审查，如果专家在某题做出否定判断的百分比超出了可接受的数字，就需要进行深入讨论，从而确定这道题目是否需要更改，还是直接删除。

在教育公平备受关注的大背景下，我国在关键考试中要重视与加强公平审查，从公平视角对试题进行分析与改进。

参考文献

[1][美]美国教育研究学会，美国心理学会，美国教育测量学会.教育与心理测试标准[M].燕娓琴，谢小庆译.沈阳：沈阳出版社，2003.

[2] Educational Testing Service. 2014 ETS Standards for Quality and Fairness[EB/OL]. http://www.ets.org/s/about/pdf/standards.pdf, 2015-05-01.

[3][美]安娜斯塔西，厄比纳.心理测验[M].缪小春译.杭州：浙江教育出版社，2001.

[4]孙晓敏，张厚粲.效度概念演进及其新进展[J].心理科学，2004，27（1）：234—235.

[5]李方.现代教育科学研究方法[M].广州：广东高等教育出版社，1997.

[6][美]萨克斯.教育和心理的测量与评价原理[M].王昌海等译.南京：江苏教育出版社，2002.

[7]赵德成.内容效度：一个不容忽视的问题[J].语文建设，2006（9）：62—64.

[8]戴海崎，张锋，陈雪枫.心理与教育测量（修订本）[M].广州：暨南大学出版社，2007.

[9]张雨强，张志红.PISA2006科学试题的设计和开发及其启示[J].外国教育研究，2011（2）：59—65.

[10]教育部初中毕业与高中招生制度改革项目组.中考命题指导·语文[S].南京：江苏教育出版社，2005.

[11][美]Sousa D. A.脑与学习[M]."认知神经科学与学习"国家重点实验室脑与教育应用研究中心译.北京：中国轻工业出版社，2005.

[12] Educational Testing Service. 2014 ETS Standards for Quality and Fairness[EB/OL]. http://www.ets.org/s/about/pdf/standards.pdf, 2015-05-01.

[13][美]Popham W.J.促进教学的课堂评价[M].国家基础教育课程改革"促进教师发展与学生成长的评价研究"项目组译.北京：中国轻工业出版社，2003.

表现性评价
第 4 章

乍一听到表现性评价,有些教师可能会感觉很陌生,但实际上它早已存在于我们的教学实践之中。表现性评价克服了传统测验仅能测试低水平知识和孤立技能的弊端,能测量出学生在真实世界中的复杂成就和情意表现。

加强表现性评价的应用,是当前我国中高考命题改革的基本方向,也是世界范围内教育评价学科发展的共同趋势。

概　览

1. 表现性评价通常要求学生在某种特定的真实或模拟情境中，运用先前所获得的知识完成某项任务或解决某个问题，以考查学生知识与技能的掌握程度，或者问题解决、交流合作和批判性思考等多种复杂能力的发展状况。

2. 相对于传统测验而言，表现性评价具有如下核心特点：（1）情境真实性；（2）内容复杂性；（3）反应开放性；（4）评分主观性。

3. 加强表现性评价，突出学科知识的应用性，注重考查学生在真实情境中分析和解决问题的能力，是当前中高考命题改革的基本趋势。相关改革"倒逼"中小学高度重视表现性评价，将教学、评价与学生生活及现代社会紧密联系起来。

4. 新课程实施以来，我国在表现性评价应用上进行了很多探索，但同时也存在一些亟待关注的问题，主要有：（1）表现性任务不真实；（2）任务与考查点脱节；（3）考查内容仍然是孤立的知识；（4）未注意生产生活实践的复杂性；（5）不符合公平原则；（6）缺乏可操作的评分细则。

5. 要进一步推进表现性评价，充分发挥其导向、诊断和发展作用，我们建议：在课程标准或课标解读中加强对表现性评价的推介；加强教师培训，使教师掌握相应实践技能；健全评价审查与改进机制。

什么是表现性评价

表现性评价（performance assessment），也有人将其称为基于表现的评价、操作评价或实作评量，它是伴随我国新一轮课程改革的启动与推进走进教师视野的。不少人认为，表现性评价是"舶来品"，但实际上，表现性评价早已存在于我们的教学实践之中。比如，体育教师评价学生的游泳技能掌握情况，他不是让学生以纸笔方式回答一些有关游泳技能的问题，而是让学生到游泳池或河水中真正游上一段距离，以真实地展现其游泳水平；又如，语文教师评价学生的口语交际能力，会设计一个问题情境，让同学们针对问题进行小组讨论，通过观察每个学生在讨论中的表现来评判其口语交际能力。这些就是表现性评价，只是当时我们没有使用"表现性评价"这一专门概念来称呼它而已。

我们可以给表现性评价下一个通俗的定义：表现性评价通常要求学生在某种特定的真实或模拟情境中，运用先前所获得的知识完成某项任务或解决某个问题，以考查学生知识与技能的掌握程度，或者问题解决、交流合作和批判性思考等多种复杂能力的发展状况。[1](69)[2](155)

相对于传统测验而言，这种评价方法具有如下特点：

● 情境真实性。表现性评价要求教师创设真实的任务情境。只有确保情境的真实性，才能使评价者有机会观察到学生在真实生活情境中应用知识和解决问题的能力。当完全真实的情境难以呈现不得不需要模拟时，评价者要尽量使之"最大限度地接近真实"。[2](157) 因此，有人将表现性评价也称为真实性评价（authentic assessment）。[3](137)

● 内容复杂性。传统评价方式考查的多是低水平的书本知识、孤立的内容和技能，而表现性评价与此不同，它能考查那些需要复杂认知技能和表现的学习结果,比如学生在真实世界中的表达能力、批判性思考能力与问题解决能力等。[4]

●反应开放性。从性质上来看,表现性评价属于建构反应测验,学生不是在备选答案中选择正确答案,而是按照自己的方式自由反应,具有开放性,既减少了猜测的可能性,又能考查学生对知识的深度理解与整合、问题解决能力及创造性。[5](74-75)

●评分主观性。正是因为表现性评价具有开放性,所以答案通常不是唯一的,评分也就具有一定的主观性。在表现性评价中,评分必须有明确、统一、操作化的评分准则,评分者要经过必要的培训,以减少评分误差,确保评分者一致性信度。

表现性评价与其他传统测验并不存在绝对的差别,两者只是在各种特征上表现程度不同而已(见表4-1)。一个评价是表现性评价还是普通测验,并不是截然分开的。

表4-1 表现性评价与传统测验的特点比较

表现性评价		传统测验
高 ←	情境真实性	→ 低
高 ←	内容复杂性	→ 低
多 ←	反应开放性	→ 少
高 ←	评分主观性	→ 低

举个例子来说,2011年版《义务教育语文课程标准》指出,要使学生"具有日常口语交际的基本能力,学会倾听、表达与交流,初步学会运用口头语言文明地进行人际沟通和社会交往",[6](7)口语交际能力的培养与评价已成为语文教师的重要任务。在评价学生口语交际能力的时候,教师可以设计和使用不同的方法。常见方法如下:

1.让学生完成一些判断题,题目的内容主要是关于倾听、表达与交流的基本要求。

2.让学生完成一系列选择题,让学生选择在某一特定的口语交际情境下如何表现或如何说话。

3. 让学生简短地回答几个关于口语交际要求与技巧的问题。

4. 提供一个模拟口语交际情境，要求学生写一篇短文，说明一件事情（如怎样寄包裹）或说服某个人（如选修某门课）。

5. 提供一个模拟情境，必要时由教师和学生配合，让学生完成一个模拟口语交际任务（如解释某件事情的来龙去脉）。

6. 要求学生完成一个比较真实的口语交际任务，如与同学讨论某一主题或向不知情人陈述某个事件。

不难发现，第 6 种方法是典型的表现性评价，在任务真实性、内容复杂性、反应开放性与评分主观性等多方面都符合表现性评价的特点。尤其需要指出的是，这种方法中提供给学生的任务情境是真实的，学生的表现能反映出他们在真实生活中口语交际的能力，效度有保证。实施表现性评价的情境越真实，就越能显示出学生在生活中运用所学分析与解决问题的能力。相对而言，第 4 种和第 5 种方法在一定程度上具备了表现性评价的特点，但第 1、2 和 3 种就与表现性评价的要求明显不符。

表现性评价的历史性分析

从历史的角度分析表现性评价，既可使我们了解表现性评价的起源和发展脉络，又能引领我们深入理解表现性评价的价值与意义。表现性评价兴起于20世纪八九十年代，它的起源可以追溯到20世纪三四十年代。在这一时期，泰勒第一次提出现代的教育评价概念，将教育评价定义为考查重要目标达成程度的手段，并将其视为教学方案的一部分。他先运用评价概念协助俄亥俄州立大学的教师改进课程测验，不仅采用传统选择题测验考查学生对知识信息和定义的记忆，而且基于教学目标、结合生活情境编制包括非纸笔形式在内的多样化测验题目，考查学生的理解、推理、解释和应用等复杂能力，在生物、物理、化学、哲学、数学、会计和历史等多个课程中取得了突破性进展。

基于这些经验，他撰写了《编制成就测验的一般技术》一文，对中小学教育工作者提出建议，指出测验编制应包括以下几个主要步骤：[7](253)（1）确定教育方案的目标；（2）根据行为和内容对每个目标清楚地加以定义；（3）确定应用目标的情境；（4）设计应用目标情境的途径；（5）设计取得记录的方式；（6）决定评价方式；（7）设计获取代表性样本的方法。在这7个步骤中，第（3）步和第（4）步都在强调测验情境的创设。泰勒认为，"如果一个人习得了一些东西，那么，这些东西就被内化，人们就期望他能在任何适宜的场合运用它们。所以，如果希望确定学生是否学到了什么，就应该关心他们运用所学知识的那些情境"，"应给出适当的情境以激发他们那些在正常情境中可能激发的反应"。

在"八年研究"（1933~1941年）期间，泰勒进一步发展了这套基于情境的测验编制技术，开发出行为目标本位评价模式，评价者要设计情境和方法激发学生的行为，然后将学生表现与既定目标作对比，以评价学生达成教学目标的程度。不难发现，泰勒时期的测验和评价已经开始强调学生在真实情境中所表现出来的复杂情意和能力，表现性评价的思想已初见端倪。

泰勒的观点和模式一直影响着教育评价理论和技术的发展，但在1980年代以前，标准化测验在整个教育评价体系中占据着主导地位。这与当时美国教育的时代背景有关。1957年，前苏联发射斯普特尼克号人造卫星后，美国国会于1958年通过《国防教育法》，授权美国联邦政府拨款对州和地方以及个人提供实质援助，更新课程内容，确保培养出质量上和数量上均适用的人才。其他各种来源的经费也纷纷投入到教育领域。伴随而来的问题是，这些金额庞大的计划如果缺乏必要的监控，很可能在某些地方造成浪费。于是，教育绩效问责受到广泛关注，教育评价成为证明项目质量的一种手段，高利害标准化测验的时代开始了，人们越来越多地依赖标准化测验评价教育的成功。

进入20世纪80年代，以认知主义为基础的建构主义学习理论在教学领域逐渐流行起来，并进而推动了教学和评价领域的改革。建构主义有很多派别，但它们一致认为，人是主动的学习者，学习不是知识由教师向学生传递，而是学生基于自己以往的相关经验，以自己的方式建构对于事物的理解。[8][9](33-43)建构主义学习理论指导下的教学十分重视情境性，主张教学应使学习在与现实情境相类似的情境中发生，以解决学生在现实生活中遇到的问题为目标，学习的内容要选择真实性任务，不能对其做过于简单化的处理，使其远离现实的问题情境；同时，教学的过程要与现实的问题解决过程相类似，所需要的工具隐含于情境当中，教师不是把提前准备好的内容教给学生，而是指导学生探究与合作，自主学习和解决问题。

新的教学理论和教学实践呼唤新的教育评价。于是，在教学改革的推动下，教育者开始对高利害标准化测验进行批判性反思，指出标准化测验存在诸多问题，主要有：（1）测验内容关注低水平的知识、孤立的内容与技能；（2）测验仅测出结果，没有考虑学习者的思维与问题解决技能；（3）测验不能测量出学习者在真实的世界中应用理解的能力。在这样的背景下，表现性评价经历长期"蛰伏"之后被明确提出。由于这种方法能准确评价学生在真实情境中的问题解决能力、批判性思考能力、交流与合作能力等重要素质，在西方国家受到教育者、研究者和决策者的青睐，被广泛应用于中小学课程评价,成为替代传统标准化测验的新兴评价方式。[4]

在我国,2001年正式启动的新一轮基础教育课程改革重视教育评价方式的创新,很多学科的课程标准都强调引入和推广表现性评价。比如,《义务教育语文课程标准(2011年版)》指出,口语交际评价"宜在具体的交际情境中进行,让学生承担有实际意义的交际任务,并结合学生在日常生活和学习活动中的表现,综合考查学生真实的口语交际水平";[6](31) 又如,《义务教育初中科学课程标准(2011年版)》建议教师通过真实的实践活动(如科学探究、实验、调查、科技制作、问题研讨、演讲表演、角色扮演等)组织评价,"通过观察、记录和分析学生在活动过程中的参与意识、合作精神、表达交流、实验操作","分析学生的实践活动成果",对学生表现进行评价。[10](64)

随着新课改的持续推进,越来越多的教育者逐渐认识到表现性评价的价值与意义,表现性评价开始由课标文本、专家讲坛走进教师的教学实践。有些教师在课堂评价中积极探索表现性评价的应用,取得了一些积极的进展。

为进一步发挥表现性评价的导向、诊断与发展功能,近年来,许多省市开始在中高考命题中加强表现性评价的应用。例如,北京市于2013年底公布的高考改革方案强调各学科要加强表现性评价,突出学科的应用性,使评价与学生生活及现代社会联系起来,考查学生在真实情境中分析和解决问题的能力。[11]具体来说,语文学科命题要"充分体现语文的基础性和作为母语学科的重要地位,注重考查内容与社会生活实践的联系";数学学科命题要"注意数学应用,考查学生分析、解决综合问题的能力";英语学科命题要"突出语言的实际应用,回归到学科应有的位置上";文科综合命题要"注重考查学生运用所学的基础知识、基本原理、基本观点和基本方法从不同角度发现问题、分析问题和解决问题的能力,重视发展学生参与社会生活的能力";理科综合命题要"从学生已有的经验和将要经历的社会生活实际出发,通过生产、生活中的一些真实情境和实验观察、自然体验,考查学生联系实际深化、应用知识的策略和学科素养"。这种改革与国家深化考试招生制度改革的意见基本一致,代表了当前评价与考试改革的新方向。中高考是"指挥棒",中高考考什么,中小学就教什么;中高考怎么考,中小学就怎么教。有关改革进一步"倒逼"中小学高度重视表现性评价,将教学、评价与学生生活及现代社会紧密联系起来。

好的表现性评价案例

表现性评价应该如何设计？好的表现性评价是怎样的？为了让大家对表现性评价有一个直观的感受，以下选编几个表现性评价案例，希望能起到抛砖引玉的作用，激发大家的创造灵感，在自己任教的学科领域开发出更多的可供他人借鉴的好题目。

4年级数学问题解决能力测试样题：口袋个数统计

美国教育进展评价（National Assessment of Educational Progress，NAEP）是美国目前最大型、最权威的全国性学业成就评价体系。它受美国评价管理委员会（National Assessment Governing Board）委托，由美国教育统计中心（National Center for Education Statistics，NCES）组织实施，主要目的是分析与监控国家基础教育质量。这一项目面向4、8和12年级学生施测，不仅了解他们"知道什么"，更关注他们"能做什么"，强调结合实际情境，真实评价学生的知识理解与问题解决能力，所以多数题目采用表现性评价方式。以下是1992年NAEP项目面向4年级学生施测的一道数学问题解决题。[5](180)

庞（Pang）先生的班上有20名学生。在星期二的课堂上，班里大多数学生都说他们穿的衣服上有口袋。

1. 哪张图最有可能说明每个学生拥有口袋的个数？
2. 解释你为什么要选择那张图？
3. 解释你为什么不选择其他两张图？

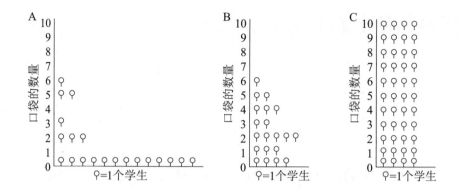

15 岁中学生科学素养测试样题：苍蝇

国际学生评价项目（PISA）特别注重考查学生在情境中处理问题的能力，试题根据内容、能力和情境三维细目表编制，一般成组编排，先呈现一个生产或生活情境，然后才提出具体问题，且接近半数的问题是开放式建构回答题，没有唯一答案，属于典型的表现性评价。以下是该项目公开的一道科学素养测试样题。[12]

阅读下列短文，并回答下列问题。

苍　蝇

有位农夫在农业试验所，担任乳牛的管理工作。牛舍里苍蝇很多，影响动物健康。所以，农夫用含有"杀虫剂 A"的溶液，喷洒牛舍及乳牛。这种杀虫剂几乎杀死所有的苍蝇。然而，过了一段时间，又有很多苍蝇。于是，农夫再度喷洒一次这种杀虫剂。这次的喷洒效果，与第一次喷洒的效果相似。虽没有杀死全部苍蝇，但让大多数苍蝇死亡。再经过一段时间，苍蝇又很多。于是，又再一次的喷洒杀虫剂。这样的事情一再发生，总共喷洒了五次杀虫剂。结果很明显的，"杀虫剂 A"杀死苍蝇的效果越来越差。农夫注意到了他的喷药过程，他先配好一大瓶的杀虫剂溶液，这五次喷药都用这一瓶溶液。因此，杀死苍蝇效果越来越差的可能原因，农夫所提出的解释是：杀虫剂因存放时间过久而分解。

来源：Teaching About Evolution and the Nature of Science, National Academy

Press, Washington, DC, 1998, p. 75.

问题1：农夫所提的解释是：杀虫剂因存放时间过久而分解。如何验证这个解释？请简要说明之。

问题2：为什么"杀虫剂A杀死苍蝇的效果愈来愈差"？农夫的解释是：杀虫剂因为存放时间过久而分解。除了农夫的解释之外，请你举出两个不同的解释。

中学历史测验题目：发现新大陆与星球探险

美国评价、标准与学生测验研究中心（National Center for Research on Evaluation, Standards, and Student Testing，CRESST）是一个研究协作体，由加州大学洛杉矶分校、科罗拉多大学、斯坦福大学、南加州大学等多所高校组成。它受美国教育部资助，主要致力于教育质量评价研究及评价系统设计，在表现性评价研究领域也颇有影响。以下是该中心于1994年编制的一道历史测验题。[1](73-74)

假设现在是2024年，也就是30年后的将来。那时候地球已相当拥挤。食物和能源（如石油）都出现短缺。美国要送一批航天员到宇宙中的其他地方去探险，以寻找新的资源。科学家们认为，在某个遥远的星球上可能会存在丰富的资源。而且，他们还有证据表明有种生物生活在那个星球上，在那里"安居乐业"，但这种生物到底是何面目，科学家们也无从知晓。

你现在的身份是一名探险方面的资深专家，总统请你给她的策划团队提出建议。她发现，航天员要做的事情与历史上欧洲探险家（如哥伦布）开辟新航线有某些相似之处。你的历史知识将会对即将举行的宇宙探险有帮助。

为准备给总统提建议，请回答下面一些问题：

1. 登陆其他星球和历史上欧洲探险家（如哥伦布）去新大陆有哪些相同之处？写出至少两个相同点，但如果你想起的不止两个，可以多写。要求援引具体的历史事件支持你的观点。

2. 登陆其他星球和开辟新航路有哪些不同之处？写出至少两个不同点，

但如果你想起的不止两个，可以多写。要求援引具体的历史事件支持你的观点。

3. 探险者应该尽力完成的主要目标是什么？写出两个人类追求的目标和两个可以使其他星球受益的目标，但如果你想到的不止两个，可以多写。

4. 探险者要尽力避免或克服哪些可能的问题？写出两个人类可能遇到的问题和两个其他星球会遇到的问题，但如果你想到的不止两个，可以多写。如果可以的话，请你援引具体的历史事件支持你的观点。

5. 在制订计划时，还有哪些值得考虑的主意？

6. 根据你对哥伦布及其他探险家的了解，你认为要使这次宇宙探险尽可能成功，总统和航天员应该计划和实际做些什么？

2014年北京高考语文卷作文题

北京市于2013年底公布的高考改革方案强调各学科命题要突出学科的应用性，使评价与学生生活及现代社会联系起来，考查学生在真实情境中分析和解决问题的能力，这一改革动向再次使表现性评价成为命题研究的热点。对2014年以来我国各省（市、自治区）高考命题进行分析，发现北京市在表现性评价应用方面走在全国前列，不少题目符合表现性评价的核心特点。以下是北京市2014年高考作文题。

六、本大题共2小题，共60分。

22. 微写作（10分）

从下面三个题目中任选一题，按要求作答，不超过150字。

①毕业前，语文老师请同学们把自己学习语文的体会写下来，与下一届同学分享，要求所写的体会具体，切实，易记忆。

②今天早晨是家长送你来考场的吗？请对"家长送考"现象予以评论，要求观点明确，有理有据。

③写一段抒情文字（可写诗歌），纪念自己的18岁，要求感情真挚，富有文采。

23. 作文（50分）

阅读下面文字，按要求作文。

北京过去有许多"老规矩"，如"出门回家都要跟长辈打招呼"、"吃菜不许满盘子乱挑"、"不许管闲事儿"、"笑不露齿，话不高声"、"站有站相，坐有坐相"、"作客时不许随便动主人家的东西"、"忠厚传世，勤俭持家"等，这些从小就被要求遵守的准则，点点滴滴，影响了一辈辈北京人。

世易时移，这些"老规矩"渐渐被人们淡忘了。不久前，有网友陆续把一些"老规矩"重新整理出来贴到网上，引发了一片热议。

"老规矩"被重新提起并受到关注，这种现象引发了你哪些思考？请自选角度，自拟题目写一篇文章，文体不限（诗歌除外），不少于700字。

表现性评价的优势与不足

每一种评价方式都有其优势与局限性，只有深刻认识到这一点，才能在实践中合理应用它，扬其所长，避其所短。

表现性评价的优势

表现性评价有效克服了传统标准化测验的弊端。传统测验主要是纸笔性质的标准化成就测验。无论是客观性题目（如判断、选择、匹配）还是主观性题目（如简答、论述、作文），也无论测验的标准化程度如何，传统测验主要考查的是低水平的书本知识、孤立的内容和技能，难以评价学生在真实情境中的复杂问题解决能力。所以，从20世纪中叶以来，人们一直在积极寻找一种替代性的评价方式，以克服传统测验的这些弊端。表现性评价就是在这样的教育背景下出现的，它能测量出学生在真实世界中的复杂成就和情意表现，所以替代传统标准化测验成为影响和推动教学实践的重要评价方式，因此也有人将其称为替代性评价（alternative assessment）。[5] (177-178)

表现性评价能有效评价学生在真实情境中运用先前所学分析与解决问题的能力。与判断题、选择题等传统题型相比较，它与真实生活情境的关联更密切。[13] (194) 这一优势不仅符合现代学习理论重视主体参与和意义建构的理念，而且恰好呼应了当前基础教育课程改革强调教学与生活结合，重视问题解决能力的基本趋势。

在我国，教育部于2001年印发《基础教育课程改革纲要（试行）》，指出新一轮课程改革要"改变课程内容'难、繁、偏、旧'和过于注重书本知识的现状，加强课程内容与学生生活以及现代社会和科技发展的联系，关注学生的学习兴趣和经验，精选终身学习必备的基础知识和技能"；"改变课程实施过于强调接受学习、死记硬背、机械训练的现状，倡导学生主动参与、乐于探究、勤于动手，培养学生搜集和处理信息的能力、获取新知识的能力、分析和解决问题的能力以及交流与合作的能力"。[14] 课程内容与课程实施方式的变革对教育评价提出了新的要求。学生的学习态度、人生观和价值观、实践能力、探究能力，以及分析和解决问题能力等诸多重要素质，采用传统方式难以得到准确有效的评价，只有通过以日常活动和真实性任务为载体的观察和评价，也就是表现性评价，才能确保评价效度，评价的导向、诊断、激励和发展性功能才能得以充分发挥。所以，表现性评价伴随着课改的启动与推进，逐渐走进教师的教学实践。

表现性评价的不足

表现性评价也有其不足之处。要在实践中推广这种评价方式，不得不面对一些实际的挑战。

首先是费时费力的问题，这也是教师们最为困惑的问题。一个表现性评价的任务设计、实施与评分需要耗费教师相当多的时间与精力。有时候，为了确保评价的效度，使评价结论能类推到相似情境中，教师还需要使用复合型任务或多个表现性任务。特别是在大班额背景下，一个班有五六十人，教师的负担可想而知。

表现性评价的信度问题也值得关注，尤其是将其用于高利害评价的时候。表现性评价具有开放性，需要教师对学生的行为表现或活动结果进行主观评判，因而会涉及评分者一致性的问题。针对同一个学生的表现，不同教师的评分不能相差很大，否则评价结果就是不可靠的。为克服评分误差，评价者要基于评价内容设计清晰、合理的评分细则，必要时还要提供高分样例和低分样例，以在最大程度上提高评分的可靠性以及不同学生分数之间的可比性。

我国表现性评价实践中的常见问题分析

好的表现性评价既要发挥其优势，又要克服其不足，才能对学生在真实情境中的复杂能力表现做出准确、可靠和公平的推论。依据常见的元评价标准，结合评价专家波帕姆（W. James Popham）、[3](139-144) 林（Robert L. Linn）和格朗伦德（Norman E. Gronlund）[5](183-186) 等人提出的表现性评价分析标准，对我国中高考命题及日常评价实践中的表现性评价进行分析，发现题目的质量参差不齐，部分题目在情境创设、任务设计、效度、公平等诸方面存在亟待关注的问题。[15]

表现性任务不真实

真实性是表现性任务设计的基本要求。只有确保任务的真实性，才能使我们有机会观察到学生在真实生活情境中应用知识和解决问题的能力，才能确保评价的效度。美国教育评价专家威金斯（Grant Wiggins）指出，[16](19-25) 一项评价任务、问题或方案是否具有真实性，需要符合以下标准：（1）是现实的。（2）需要判断和创新。（3）要求学生进行探索。（4）重复或模拟成人接受"检验"的工作场所、公民生活和个人生活等情境。（5）评价学生有效地使用知识、技能完成复杂任务的能力。（6）允许有适当的机会让学生去排练、实践和查阅资料，以得到有效的反馈并不断改进。评价者设计的表现性评价任务要源于生活，反映真实生活世界对学生学习的要求。

由于长期以来我国传统课程与生活在很大程度上是相互脱节的，尽管新课程反复强调要将学生学习与现代社会联系起来，但不少教师设计的表现性任务仍然在真实性上有所欠缺。以"数学"为例，数学课程标准设计、教材编写和教学实施的一个重要原则是"人人学习有用的数学"、"人人学习生活中的数学",在数学课程评价中应用表现性评价可以考查学生利用数学解释现实世界中现象及解决现实世界中问题的能力,但有些教师和教研员编制的表现性任务实际上并没有真正联系生活,任务情境是生编硬造出来的,与真实生活不符。例如,某市在中考数学试卷中出了这样一个表现性评价题目:

某学校师生到距学校30千米的郊外去春游,一部分同学骑自行车先走,过了1.5小时,其余的人乘汽车出发,结果他们同时到达。已知汽车的速度是自行车速度的4倍,求两种车的速度。

如果把这道题目看作考查学生数量关系理解能力的一般性题目,本无可厚非,但从表现性评价的视角来看,这一表现性任务缺乏真实性,因为在真实生活中人们几乎不会遇到这样的计算问题,而经常实际遇到的问题是将本题中的已知与求解互换,也就是说已知去春游地点的距离和两种车的速度,求解自行车出发多久后汽车该出发才能保证两种车同时到达。将生活中不会遇到的问题转化为表现性评价,显然不能有效考查学生运用数学解释生活现象和解决生活问题的能力。同理,在任何一门课程的评价中,选择或设计的任务情境不真实,就不能有效评价学生运用相关知识和技能分析与解决实际问题的能力。

再以一道高考文科数学题为例。

某公司为了了解用户对其产品的满意度,从A、B两地区分别随机调查了40个用户,根据用户对其产品的满意度的评分,得到A地区用户满意度评分的频率分布直方图和B地区用户满意度评分的频数分布表。

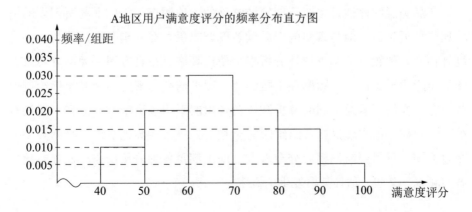

A地区用户满意度评分的频率分布直方图

B地区用户满意度评分的频率分布表

满意度评分分组	[50,60)	[60,70)	[70,80)	[80,90)	[90,100]
频数	2	8	14	10	6

（I）在答题卡上作出B地区用户满意度评分的频率分布直方图，并通过此图比较两地区满意度评分的平均值及分散程度。（不要求计算出具体值，给出结论即可）

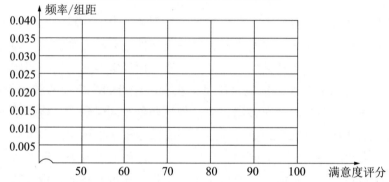

B地区用户满意度评分的频率分布直方图

（II）根据用户满意度评分，将用户的满意度评分分为三个等级：

满意度评分	低于70分	70分到89分	不低于90分
满意度等级	不满意	满意	非常满意

估计哪个地区的用户的满意度等级为不满意的概率大，说明理由。

产品满意度评估是工商管理领域常见的一项调查工作，本题所创设的情境比较贴近生活，但与真实的产品满意度调查仍存在一定距离。因为，满意度评估及其他领域的调查统计分析很少使用频率分布直方图。频率分布直方图以组距为横坐标，以频率和组距的商（即平均频率密度）为纵坐标绘制而成。它主要用于组距不同时分析和比较各组的平均频率密度。但在一般调查统计中，如果像本题这样各组组距完全相等，一般不会也不需要绘制频率分布直方图，只需要绘制频数分布直方图即可满足各种分析所需。比如，比较各组频率；又如，估计某事发生的概率。

在统计实践中,每一种统计图表都有其适用的条件和使用范围,在不需要使用或不适合使用时为了应用而应用,显然欠缺真实性。在各学科考试命题中,让学生完成一个不真实的生产生活任务,与不联系生活、直接完成去情境化的题目一样,都不能有效推论学生在实践中的问题解决能力,效度不良,不是好的表现性评价。

任务与考查点脱节

真实性是表现性评价的必要条件,但不是充分条件,亦即"一项任务是真实的,并不意味着该任务就是有效的"。[16](124) 要保证教育评价的有效性,评价者必须基于要评价的目标,设计合适的任务激发学生表现出在这个或这些目标上的反应,使评价者通过观察和评价形成有效的结论。表现性任务必须与评价目的高度相关,评价要聚焦到欲评价的目标上。如果任务与考查点相脱节,评价的效度就会降低,而这种现象在当前我国的评价实践中比较普遍。

以"语文"为例,口语交际是语文教学的重要内容,某版本初中语文教材中提供了这样一道表现性评价题目,让教师用来评价学生口语交际学习的进展。

我们每个人都有自己心底的秘密,今天晚上回家后,请你和你的父母说说你心底的秘密。你会如何说呢?请你把它写下来。

这是一个真实性任务,但通过这道题目教师能考查到的主要是学生的书面语言表达能力,而不是口语交际能力,究竟某个班级或某个学生口语交际表现是否达成了所在学段课程标准的要求及达成程度如何,我们无从评判。在这个评价设计中,表现性任务与要考查的目标是脱节的,直接破坏了评价的效度。PISA 项目的经验值得借鉴,[17] 为确保表现性评价的效度,该项目不仅严格根据双向细目表编制表现性任务,而且通过试题审查(从学生及编码者的视角进行审查)、认知性访谈(让学生回答问题,在回答过程中出声思考,同时结合个人访谈和小组访谈)和试点测试(在考试情境中试测)等方法，分析表现性任务能考查到的素质是什么以及是否与预测目标匹配。

考查内容仍然是孤立的知识

复杂性既是表现性评价的基本特征，也是它的一个重要优势。传统评价方式考查的多是低水平的书本知识、孤立的内容和技能，而表现性评价与此不同，它具有多重关注点，[3](141)能考查多方面的复杂认知技能和学生表现，代表学生重要的学习结果，[5](184)比如创造性、批判性思考能力、探究能力与问题解决能力等。目前，中高考命题在尝试体现表现性评价的复杂性，但不少题目实质上考查的仍然是孤立的知识，缺乏挑战性。

有一年某省高考历史出了这样一道题：

中日是一衣带水的邻邦，两国关系的发展有赖于青年一代的沟通和交流。为此，我省N中学邀请日本某校学生前来访问，并拟定了以下交流提纲。假如你作为N中学的一员，按照提纲要求，将如何回答下列问题？

（1）在中日友好交往的历史中，先进的中华文明曾予日本以很大影响。请以汉、唐为例，各举一项史实说明。（2分）

（2）19世纪60年代后，中日两国开始近代化道路的探索，试以"洋务运动"和"明治维新"为例，简述其背景的共同点和各自军事改革的措施。（6分）

（3）明治维新后，日本走上对外扩张道路，中日关系发生逆转。请指出日本发动战争的根源。（3分）

（4）近代日本发动的两次大规模侵华战争，给中国人民带来深重灾难，试列举日军制造的两起惨绝人寰的大屠杀。（2分）同时，侵略战争也使日本人民备尝战争的苦果，下图《1945年8月的广岛》（略）的景象是哪次空前军事行动的结果？（1分）

（5）综上所述，你认为应该怎样才能实现中日关系的友好发展？（2分）

当年高考结束后，有人公开发表文章称赞这道题实现了"内容与形式的完美结合"，是一个有问题情境，既贴近生活又联系历史，具有"趣味性和亲和力"的表现性评价。[18]但稍做分析，我们就会发现这道题尽管有情境，有了表现性评价的形式,但它真正考查的还是学生对知识的记忆,而不是应用历史知识分析和解决问题的复杂能力,至少历史与现实的融合程度不够,形式与内容仍然是"两张皮"。

再以一道中考化学题为例。这道题用连环画形式记录了雯雯参观地质博物馆的一天。连环画进入中考化学,又联系了学生生活,给人带来耳目一新的感觉。但看完考试题目,就会发现这些题目与传统考试题并无差别。每个小题相互独立,都可以脱离情境而单独成题,都在考查孤立的知识,因而无法考查学生联系实际质疑、探究、批判性思考、综合分析及问题解决等各种复杂能力。

〖生活现象解释〗

下面连环画记录了雯雯参观中国地质博物馆的一天。

请据图回答21—25题。

21.(2分)她吃早餐。

(1)早餐食物中有花卷、牛奶、鸡蛋和苹果,其中富含蛋白质的是_____。

(2)陶瓷餐盘的主要成分之一是硅酸钙($CaSiO_3$),其中硅元素的化合价是_____。

22.(2分)她出发了。

(1)她携带的物品中,主要材料属于有机合成材料的是_____(填字母序号)

A. 水壶　　　　　　B. 帽子　　　　　　C. 背包

（2）如图③所示，乘坐地铁禁止携带的物品中，属于易燃易爆品的是_____。

23.（1分）她来到博物馆门口。

同学们在地质学家李四光的大理石雕像前，了解他的生平事迹。大理石的主要成分是_____。

24.（3分）她和同学们进入博物馆。

她看到了许多矿石标本，其中的4种矿石及其主要成分如下：

A. 赤铁矿　　　　B. 孔雀石　　　　　C. 白钨矿　　　　D. 辉铜矿
(Fe_2O_3)　　　[$Cu_2(OH)_2CO_3$]　　($CaWO_4$)　　　(Cu_2S)

（1）上述矿石标本的主要成分中，所含元素种类最多的是_____（填字母序号）。

（2）她根据辉铜矿的主要成分，推测以辉铜矿为原料，可制得含铜元素或含硫元素的产品，她的依据是化学反应前后_____不变。

（3）她依据化学式计算出 $Cu_2(OH)_2CO_3$ 的相对分子质量为222，计算式为_____。

25.（2分）参观结束时，老师进行了小结，并就金属冶炼和金属回收再利用提出了两个问题，请同学们用化学方程式作答。

（1）工业上用一氧化碳和赤铁矿炼铁的原理是_____；

（2）废旧钢铁表面的铁锈可用盐酸除去，其原理是_____。

未注意生产生活实践的复杂性

表现性评价注重考查学生在真实生产生活实践中应用所学分析与解决问题的能力，而真实的实践复杂多样，又变化多端。为确保评价效度，使评价结论能类推到真实生活情境中，命题者必须尊重生活世界的复杂性，在创设情境时尽量接近复杂的生活和社会。[3](139-141) 如果命题者忽视生活的复杂性，将知识从生产生活情境中剥离出来，或者将情境过分简化，会在一定程度上影响评价的效度。

以某市一道中考数学题为例。这道数学题让学生基于最近几年该市轨道交通日均客流量的变化趋势，预测 2015 年的日均客流量变化。题目要求学生"根据统计图中提供的信息"，也就是不需要或不得考虑真实生活实践中影响该市轨道交通日均客流量变化的复杂因素，结果将数学与生活人为剥离，从而无法推知学生在真实生活中应用数学知识分析和解决问题的能力。事实上，中考于 2015 年 6 月份举行，但该市地铁于 2014 年底已上调了票价，此后，即 2015 年以来轨道交通日均客流量已发生明显的下降。[19] 让学生在明知日均客流量已下降的情况下佯装毫不知情，而是依据前面几年的数据，在不考虑其他复杂因素（如票价调整、新增线路）的前提下"假装"进行预测，不能有效考查学生的建模和预测能力，更不能考查学生在真实生活中分析与解决问题的能力，效度不良。

我市 2009～2014 年轨道交通日均客运量统计如图所示。根据统计图中提供的信息，预估 2015 年我市轨道交通日均客运量约_____万人次，你的预估理由是_____。

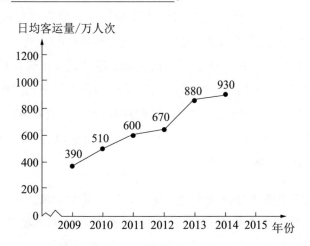

再以某市一道中考政治题为例。这道题要求学生"根据所学知识"说说如何使用爸爸的年终奖。这里"所学知识"指有关合理消费的知识。这些知识为个体消费提供了指导性原则，但具体到真实生活中的消费，每个人的决策会受到家庭年人均收入、家庭负债、现有资产、消费观、工作需求、个人爱好等多种主客观复杂因素的影响，各个家庭的差异很大。有关研究也表明，人的决策难以做到完全理性，通常是有限理性。[20]因此，本题将 D 选项视为正确答案，认为其他选项不合理，是忽视生活世界复杂性的一种典型表现。

因为工作业绩突出，爸爸获得了 5 万元年终奖金，一家人商量怎样把这笔奖金花得更有意义。根据所学知识，你赞同

A. 购买名贵貂皮大衣
B. 去香港免税店购买奢侈品手袋
C. 将正常使用的国产电脑换成全新顶配苹果电脑
D. 趁欧元贬值的好时机去欧洲进行一次文化之旅

不符合公平原则

公平一直以来都是国外教育评价领域关注的一个重要问题。波帕姆认为，公平就是克服评价对某一特定群体的偏见，在评价中，某些学生不能由于性别、种族、社会经济地位、宗教信仰或其他特征，受到冒犯或不公平的对待。[3](59) 评价中的公平不仅指测试内容、过程和环境的公平，还包括测试结果的公平以及相应学习机会的公平。在我国，尽管近些年来教育均衡与公平已成为政策制定者、研究者和实践者共同关注的热点问题，但评价领域中的公平尚未受到足够的重视，表现性评价题目中存在一些相关问题。

一道高考作文题要求学生基于一对父女因高速公路上开车接电话而引发的争执来发表意见，题目是这样的：

因父亲总是在高速路上开车时接电话，家人屡劝不改，女大学生小陈迫于无奈，更出于生命安全的考虑，通过微博私信向警方举报了自己的父亲。警方查实后，依法对老陈进行了教育和处罚，并将这起举报发在官方微博上。

此事赢得众多网友点赞，也引发一些质疑，经媒体报道后，激起了更大范围、更多角度的讨论。

对于以上事情，你怎么看？请给小陈、老陈或其他相关方写一封信，表明你的态度，阐述你的看法。

要求综合材料内容及含义，选好角度，确定立意，完成写作任务，明确收信人，统一以"明华"为写信人，不得泄露个人信息。

考试结束后有人以一名农村考生的名义给命题者写了封公开信，引发了广泛热议。公开信对考试的公平性提出质疑。主要意见有：(1)"父亲"一直在农村以种地为生，收入微薄，买不起车，更不会在高速公路上边开车边接电话；(2)"我"在农村长大，听说过高速公路，但从未亲眼见过。因此，对于一个对高速公路缺乏直观经验的农村考生来说，这样的情境作文有失公平。

这种质疑不无道理。有些农村学生缺乏有关生活经验和学习机会，导致他们写不好这篇作文，在作文表现上得分偏低，并因此影响其升学机会，这有悖公平原则。在各学科命题中，命题者必须对偏见、伦理和公平保持一定敏感性，使参与考试的学生不会因自己的家庭社会经济地位、家庭结构、民族、性别和信仰等无关因素而受到冒犯或歧视。

缺乏可操作的评分细则

评分细则是表现性评价方案不可或缺的重要组成部分。表现性评价属于建构反应类测量，学生在评价中建构的反应或提供的答案通常是开放的、复杂的，需要采用一定的表现标准和评分细则加以评判。表现性任务是根据评价目标开发的，旨在评价学生达成目标的程度，将评价目标稍加转化，再结合特定任务分析学生较差和出色表现是怎样的，就可以形成表现性评价的标准及评分细则。这些标准和细则不仅可以使学生、教师、家长等利益相关者明确优秀的含义和成功的要素，而且对于最终评价分数的信度、效度和公平来讲都十分重要。[21] (1-16)

在我国，表现性任务的开发受到了教师和教研员的广泛关注，但相对而言，评分细则的编制尚未受到足够的重视，个别地方甚至还存在有任务无细则的现象。以"历史"课程为例,历史课程具有综合性特点,教师要"注重历史与现实的联系,使学生逐步学会综合运用所学知识和方法对历史和社会进行全面的认识"。历史考试不仅要考查学生对历史事实的理解和记忆,还要检测学生将历史与现实联系起来,"鉴古知今",分析问题和解决问题的能力。[22] 表现性评价可以满足这种评价需要,很多教师和教研员设计出了优秀的表现性评价题目。例如,某市高中教师在历史期末测验中曾出过这样一道题:

中央电视台拟拍一部电视连续剧《重庆谈判》,假如你是编剧,请结合所学知识,展开合理想象,为毛泽东设计一段到达重庆机场时的讲话稿。(150字左右)

这道题拓展了评价内容的范围和深度,不仅考查学生历史事件记忆和理解的程度,而且考查学生用历史材料解释历史和解决问题的能力,是一道比较典型的表现性评价题目。但令人遗憾的是,当我们询问命题者和使用者如何评分时,他们却声称没有明确的评分细则,当时的评分由教师根据经验从历史知识、语言表达能力和创造性等方面进行考量。

在表现性评价中,如果缺乏可操作的评分标准和细则,教师就难以清晰诊断学生在达成目标过程中的优势与不足,不知道未来努力的方向,评价者也无法客观比较学生表现水平上的差异。命题者必须在表现性任务编制的基础上开发出相应的表现标准和评分细则,以克服表现性评价的评分主观性,确保评分者的一致性信度和效度。表现标准既可以是绝对性标准,也可以是相对性标准;评分细则可以是整体式评分细则,也可以是分项式评分细则。评分细则不仅要重点关注需要评价的能力,而且要具有可操作性。

未来进一步推进表现性评价的建议

设计良好的表现性评价能有效地测量传统评价难以测量的复杂成就和情意表现，能有力推动新课程教学理念在实践中的落实；但如果没有精心设计，表现性评价在设计与实施中存在前文提及的某种问题，其效度会在不同程度上受损，评价者难以对学生表现形成准确、有效的评判。为了在未来进一步推广表现性评价，充分发挥其导向、诊断和发展作用，我们提出如下一些建议。

在课程标准或课标解读中加强对表现性评价的推介

评价处于教学的中心地位，是课程的重要组成部分。泰勒于1949年在《课程与教学的基本原理》(Basic Principles of Curriculum and Instruction)一书中开宗明义地指出，开发任何课程和教学计划必须回答四个基本问题：[23]（1）学校应该试图达到什么教育目标？（2）提供什么教育经验最有可能达到这些目标？（3）怎样有效组织这些教育经验？（4）我们如何确定这些目标正在得以实现？基于上述四个基本问题，泰勒提出了课程实践的四个步骤或环节：明确教育目标、选择教育经验、组织教育经验、评估教育效果。四个环节依次展开，互相影响，互为依据，是一个循环往复的过程。其中，评价是十分重要的一环，它考查教育目标的达成程度，具有双重作用。它既是对前一阶段教育的终结性评估，又是一次学习需求分析，为下一阶段的课程开发和调整提供依据。

从这一意义上而言，课程标准不仅要对课程目标做出清晰的界定，还要对如何评价课程实施效果进行解释和说明。鉴于表现性评价在课程实践中具有广泛的学科适用性，在当前我国深入推进新课程的进程中又具有不可替代的特殊意义和价值，各门课程标准都要对其进行重点推介，以切实促进课程评价实践以及学生学习方式的变革。

对 2011 年教育部颁布的《义务教育课程标准》进行文本分析，我们发现，很多学科没有明确提及表现性评价，仅有物理、化学、英语、历史与社会、思想品德等少数学科在"评价建议"部分在不同程度上涉及表现性评价，并且使用的表达方式不尽相同，如活动表现评价、实践活动评价、主题活动评价、项目评价，以及探究能力评价等。各学科课标组有必要在课标解读中加强对表现性评价的推介，具体的建议有：(1) 向教师深入阐释表现性评价应用的必要性与意义；(2) 介绍表现性评价应用的基本程序及注意事项；(3) 提供多样化示例说明表现性评价在本学科中的应用。

加强教师培训，使教师掌握相应实践技能

教师是课程实践的主体，教师是否掌握表现性评价的基本原理、程序及要求，是否能在实践中主动、有效地应用表现性评价，是影响评价改革，乃至整个课程改革向纵深发展的关键。如果教师缺乏相应的理论素养和实践能力，势必会直接影响表现性评价的信度与效度，并间接地影响以评价为基础的课程决策。在国外，无论是教师职前培养还是在职培训，都将教育评价作为一门重要课程，教师必须掌握包括表现性评价在内的各种基本评价技能，教师既要懂教学，还要懂评价，并在实践中将教学与评价有机结合起来，使两者互为依据，相互促进。

在我国，教师教育工作者一直未予评价技能以足够的重视，教师没有受到系统、细致、操作性的培训，不少教师在实践中"摸着石头过河"，所以出现了前文所述的诸多问题。为避免表现性评价的误用，确保表现性评价的构想效度和实践效果，必须重视和加强教师培训。具体建议是：

(1) 课程专家和教研员培训先行。有些课程专家和教研员已面向教师推荐表现性评价，也组织过有关教师培训，但从中文核心期刊相关发表物来看，很多人只是在简单引介国外教材中的有关阐述，并没有结合自己在本学科领域的实践探索，本土化程度不够。所以，课程专家和教研员作为培训者必须先接受培训，并在实践中深入探索，形成本土化经验，然后在此基础上开发教师培训的案例与教材。

（2）在职教师的培训要采用"在做中学"的思路，边培训，边实践，使教师切实掌握设计、分析、反思和改进表现性评价的基本技能，使表现性评价自然融入教学过程并促进教学。

（3）改进师范生教育。师范生在校期间要加强包括表现性评价在内的各种实践技能的培养。要改革师范生课程设置，将课程评价（很多学校叫"教育测量与评价"）作为必修课程，并且更新课程内容，回应时代和新课程对教师提出的新要求，在课程中加强表现性评价等新兴评价方式的教育，使师范生跟上改革形势，胜任一线教学。

健全评价的审查与改进机制

评价也需要被评价。在我国评价实践中，元评价尚未受到足够的重视。即便是中高考命题，元评价力度仍亟待加强。中高考命题的元评价主要通过试题审查和试卷审查两个环节进行。在试题审查中，命题者通过集体讨论从政治、学科、文字表述、参考答案、评分标准、难度预估等方面对试题进行审核；在试卷审查中，命题组要从政治、内容效度、难度、试题编排、版式、指导语等方面对整张试卷进行更为全面、深入的分析。这种严格的审查为命题质量提供了有力的保障，但仍然存在一些亟待关注的问题。要确保表现性评价的质量，中小学和考试机构还需进一步健全评价审查与改进机制。具体建议有：

（1）加强对评价效度的审查。效度被认为是评价质量分析中最为重要的指标，包括表现性评价在内，所有评价必须保证其能测到所欲测的特质，能依据所收集的信息做出准确而有效的推论。[24](12-15) 我国在表现性评价应用中存在情境不真实、忽视生产生活情境复杂性等有关问题，最终在不同程度上使评价效度受损，表明评价元分析对效度的审查力度不够，应予以加强。

（2）加强公平审查。无论是由美国教育研究学会等多个研究团体共同编定的《教育与心理测试标准》，[24](126-144) 还是美国教育考试服务中心颁布的

《质量和公平性标准》,[25](19-24) 都十分重视评价的公平。由于表现性评价通常涉及复杂的情境因素,因此在教育公平备受关注的大背景下,我们必须从公平视角对试题进行分析与改进。

（3）将评价审查延伸到实测阶段。表现性评价的难度和区分度究竟如何？表现性评价的评分者一致性信度是否符合测量学要求？如果使用了复本,表现性评价的复本信度又如何？这些元评价问题也很重要,需要在评价结束后基于数据进行深入分析。只有健全评价的审查与改进机制,确保表现性评价的效度、信度及公平,才能真正发挥表现性评价的积极作用,促进我国基础教育教学与评价实践的深刻变革。

参考文献

[1] 赵德成等.教育部基础教育司,教育部师范教育司组织.新课程与学生评价改革[M].北京:高等教育出版社,2004.

[2][美]Stiggins, R.J. 促进学习的学生参与式课堂评价[M].国家基础教育课程改革"促进教师发展与学生成长的评价研究"项目组译.北京:中国轻工业出版社,2005.

[3][美]Popham W J. 促进教学的课堂评价[M].国家基础教育课程改革"促进教师发展与学生成长的评价研究"项目组译.北京:中国轻工业出版社,2003.

[4]赵德成.表现性测验及其在中小学课堂评价中的应用[J].语文建设,2002(11):39—41.

[5][美]Linn R.L. & Gronlund N.E. 教学中的测验与评价[M].国家基础教育课程改革"促进教师发展与学生成长的评价研究"项目组译.北京:中国轻工业出版社,2003.

[6]中华人民共和国教育部.义务教育语文课程标准(2011年版)[S].北京:北京师范大学出版社,2011.

[7][美]泰勒.方案评价的原则[C]//瞿葆奎.教育学文集(第16卷):教育评价[M].北京:人民教育出版社,1989.

[8]陈琦,张建伟.建构主义学习观要义评析[J].华东师范大学学报(教育科学版),1998(1):61—68.

[9] Herman J L, Aschbacher P R, Winters L. Selecting Assessment Tasks[M]. A practical guide to alternative assessment. Alexandria, VA: Association for Supervision and Curriculum Development. 1992.

[10]中华人民共和国教育部.义务教育初中科学课程标准(2011年版)[S].北京:北京师范大学出版社,2011.

[11]新浪教育微博.北京高考改革方案详解及进程安排[EB/OL].http://edu.sina.com.cn/gaokao/2013-10-21/1823398642.shtml,2013-10-21/2014-12-5.

[12]台湾PISA研究中心.科学样本试题(中文版含评分规准)[EB/OL].http://pisa.nutn.edu.tw/download/sample_papers/2009/2011_1223_science_s.pdf,2010-07/2015-07.

[13][美]萨克斯.教育和心理的测量与评价原理[M].王昌海等译.南京：江苏教育出版社，2002.

[14]教育部.基础教育课程改革纲要（试行）[Z/EB/OL].http://baike.baidu.com/view/6195568.htm，2011-07-29/2014-12-5.

[15]赵德成.表现性评价应用中的问题——基于2015年多省市中高考命题的分析.课程教材教法，2016（1）：53—59.

[16][美]Wiggins G. 教育性评价[M].国家基础教育课程改革"促进教师发展与学生成长的评价研究"项目组译.北京：中国轻工业出版社，2005.

[17]张雨强，张志红.PISA2006科学试题的设计和开发及其启示.外国教育研究，2011（2）：59—65.

[18]孔素芳.内容与形式的完美结合[J].中学政史地，2007（7-8）：59—61.

[19]刘珏，权婷.北京地铁4月份日均客流量较去年同期少86万人次[N]，北京青年报，2015-04-17（A9）.

[20]方齐云.完全理性还是有限理性[J].经济评论，1994（4）：39—43.

[21][美]Arter J. & McTighe J. 课堂教学评分规则——用表现性评价准则提高学生成绩[M].国家基础教育课程改革"促进教师发展与学生成长的评价研究"项目组译.北京：中国轻工业出版社，2005.

[22]张静.新课程下中学历史学科学业评价初探.历史教学，2004（9）：41-46.

[23][美]泰勒著.课程与教学的基本原理[M].罗康，张阅译.北京：中国轻工业出版社，2008.

[24][美]美国教育研究学会，美国心理学会，美国教育测量学会.教育与心理测试标准[M].燕娓琴，谢小庆译.沈阳：沈阳出版社，2003.

[25]Educational Testing Service. 2014 ETS Standards for Quality and Fairness [EB/OL]. http://www.ets.org/s/about/pdf/standards.pdf, 2015-05-01.

成长记录袋

第 5 章

　　成长记录袋是一种新兴的质性评价方式。教师可以用成长记录袋收集以学生作品为主的有关资料，通过合理的分析与解释，评价学生在特定领域学习中的努力、进步与成就。

　　与传统纸笔测验相比，这种评价方式将评价与教学有机整合起来，能有效考查学生在真实的复杂情境中自主思考、积极建构、分析问题和解决问题的能力，呼应和促进了认知学习理论指导下的学习方式变革，在课程改革实践中表现出强大的生机和活力。

概　览

1. 最初使用成长记录袋的是画家、摄影家以及时装设计师等职业群体，他们把自己的代表性作品汇集起来，向预期的委托人或雇主展示。20 世纪 80 年代，西方国家一些教育工作者开始把这种做法移植到教育中，用成长记录袋收集以学生作品为主的有关资料，用以评价学生在特定领域学习中的努力、进步与成就。

2. 成长记录袋具有以下核心特点：(1) 基本成分是学生作品；(2) 作品的收集是有目的的，而不是随意的；(3) 成长记录袋给学生提供发表意见和对作品进行反思的机会。

3. 成长记录袋是记录儿童学习与成长的一系列"故事"，是评价儿童发展水平、努力、进步和反思的理想方式。其最大优点就是为教师提供了其他评价手段无法提供的很多有关儿童学习与发展的重要信息。

4. 创建与使用成长记录袋一般要经过五个关键的步骤：(1) 明确使用成长记录袋的目的与用途；(2) 对选择成长记录袋内容提供指导；(3) 明确学生在成长记录袋创建与使用过程中的角色；(4) 确定评分的程序及评价标准；(5) 在教学和交流中应用成长记录袋。

5. 在实践中，多数教师应用成长记录袋是为了展示学生最佳成果，功能比较单一。教师要从评价的角度理解与应用成长记录袋，强化成长记录袋的评价功能，使之更好地服务于学生的学习与发展。

成长记录袋的定义及特点

成长记录袋，英文单词是 portfolio，来源于意大利语 portafoglio，有文件夹、公事包或代表作选辑等多重含义，国内也有人将其译为成长记录、档案袋、卷宗夹或学习档案录。最初使用成长记录袋的是画家、摄影家以及时装设计师等职业群体，他们把自己的代表性作品汇集起来，向预期的委托人或雇主展示。20 世纪 80 年代，西方国家一些教育工作者开始把这种做法移植到教育中，用成长记录袋收集以学生作品为主的有关资料，用以评价学生在特定领域学习中的努力、进步与成就。与传统的以标准化为核心特征的纸笔测验相比，这种新兴评价方式将评价与教学有机整合起来，能有效考查学生在真实的复杂情境中自主思考、积极建构、分析问题和解决问题的能力，呼应和促进了认知学习理论和建构主义理论指导下的学生学习方式变革，表现出相当大的生机和活力。

值得注意的是，尽管成长记录袋在教育领域中的应用迄今已有三十多年的历史，但目前尚未有统一的定义，研究人员从不同的角度提出了许多不尽一致的看法。有学者在对国内外相关文献进行回顾与综述的基础上，提出了一个本土化的定义：成长记录袋就是"根据教育教学目标，有意识地将学生的相关作品及其他有关证据收集起来，通过合理的分析与解释，反映学生在学习与发展过程中的优势与不足，反映学生在达到目标过程中付出的努力与进步，并通过学生的自我反思激励学生取得更高的成就"。[1](6)

在我国，受制于各种主客观原因，很多教师对成长记录袋的认识十分有限，有些教师甚至错误地将其看作在德育领域中记录学生评价结果和相关资料（如个人履历、奖惩情况）的档案。这种认识上的偏差在很大程度上影响了成长记录袋应用的实际效果。因此，我们有必要正确、全面地认识成长记录袋，对它的特点进行深入的分析。归结起来，成长记录袋的核心特点如下。

首先，成长记录袋的基本成分是学生作品。[2] 它主要收集学生在学习过程中自然生成的各种作品（如作业、论文、手工作品、表演录像等），用以真实展现学生的努力、成就与进步，客观描述学生学习的过程与结果，这是它与传统评价方式的最大不同，也是它的一个特色。但是，将成长记录袋理解为一个无所不装的大口袋，只要是能反映学生发展情况的资料就不分主次地装进去，或者只是用成长记录袋将传统评价中产生的各种评价结果（如分数单、测验卷、检查表、奖状等）收集起来，都不尽符合成长记录袋的特点与要求。学生作品是重要的评价信息来源，是构成成长记录袋内容的主体。

其次，学生作品的收集是有目的的，而不是随意的。成长记录袋不是一般意义上的文件夹，其中的材料应依据特定目的而收集。[3](4-5) 创建和使用成长记录袋的目的，在很大程度上影响其收集的内容、方式、渠道，以及这些内容的分析与应用。如果目的是为了展示学生的最优成果，那么收集的内容应是学生认为最满意或最重要的作品；如果目的是为了描述学生在某一时期内学习与发展的过程，发现其优势和不足，那么收集的内容应不仅包括学生的最终作品，还要把过程性的东西（如一篇文章的草稿）也装进去；如果目的是为了评价学生学习与发展的水平，那么收集的内容就要结构化或半结构化，也就是说其中有些东西是统一要求的，以便于在不同学生之间进行比较。

最后，成长记录袋给学生提供发表意见和对作品进行反思的机会。无论是为展示最佳成果而设计的成长记录袋，还是为描述学生学习过程而设计的成长记录袋，都十分重视学生在成长记录袋创建和使用过程中的参与，尤其是学生的自我评价和反思。在自我评价和反思的过程中，学生依据标准和要求评价自己的作品，反思自己的学习过程，从而发现自己的优势和不足，形成追求进步的愿望和信心，明确改进的目标和途径。学生自己选择作品与自我反思的结合可以为教师提供有关学生成就的信息，同时也为教师了解学生的自我评价技能提供了一个窗口。[4](217-222) 这不仅是构建双向的、活泼的、着眼于学生发展的评价体系的需要，也是为了培养学生主动学习的态度和对学习负责的精神，让学生学会学习、自主成长。

成长记录袋的优势与不足

成长记录袋是记录儿童学习与成长的一系列"故事",是评价儿童发展水平、努力、进步和反思的理想方式。但世界上没有十全十美的评价方式,每一种评价方式也都存在一定的局限性。认识成长记录袋的优势与不足,是在形成性评价与终结性评价中正确应用它的前提。

成长记录袋的优势

第一,成长记录袋的最大优点是为教师提供了其他评价手段无法提供的很多有关儿童学习与发展的重要信息。

相对于单一的作业任务或单元测验而言,成长记录袋收集了大量学生作品及其他有关证据,向教师、家长和学生本人提供了丰富的内容,反映了学生知道些什么和能做些什么,表现了学生的努力与进步。在传统评价中,许多教师只为学生及其家长提供学生的学业成就评定等级。比如,一个学生在一年级语文学习中最终评定等级为"优$^+$",到二年级学年结束时得了个"优$^-$",虽然实际上该生在识字和写字、阅读、写话、口语交际、综合性学习等几个领域都取得了很大的进步,但家长却很难从等级上感受学生的发展与成就。如果教师创建和使用成长记录袋,将学生的识字记录、用普通话朗读课文的录音、为表达自己对周围事物感想而写的话,以及参加各种教育活动的证据等都收集起来,在提供评定等级的同时一起予以呈现,那么,学生一年多来的变化与进步就会一目了然。更重要的是,教师和家长只关注评定等级而忽视学生发展的观念和做法,也将随之在很大程度上有所改变。

第二,将学生认为最满意、最喜爱或最重要的作品装进成长记录袋,让每个学生都看到自己的努力和进步,都体验到成功的快乐,可以培养其积极的学习情感与态度。

传统评价过分强调甄别与选拔的功能，教师在教育教学过程中总是将一个学生与其他学生进行比较，尽管试图通过评比与竞争促进学生发展的用意是良好的，但实际上却使不少学生不断地经受评价所带来的压力和挫败感，长久下去，学习的兴趣日渐减退，学习效率与学业成就也难尽如人意。但如果教师在实践中创建和使用展示型成长记录袋，让学生将自己最为满意的作品收入成长记录袋，并选择适当的时机在全班同学面前或家长会上展示，其寻求赏识的心理需要就可在很大程度上获得满足，向高水平迈进的成就动机也得到了有效的激发，良好的学习情感与态度也就自然而然地培养起来了。

第三，成长记录袋有助于教师发现学生在学习过程中存在的优势与不足，并在此基础上形成对学生学习与发展的合理预期，提供适合学生特点与水平的教学与指导。

没有学生先前学习活动的背景，教师就很难诊断或设想学生为什么会有某种特定的表现。例如，一个数学教师要了解某个学生在学习了百分数的有关基础知识之后能否成功解决涉及百分数的应用题，他可以提供一份应用题作业让学生完成。如果该生不能成功地完成作业，是否就意味着他不能解决所有涉及百分数的应用题呢？而如果该生完成了作业，是这几道应用题的难度与性质使然，还是表明该生已能成功解决所有涉及百分数的实际问题呢？单一的作业样本或测验，只能反映学生某一时刻在某一任务上的表现。

要想全面、真实、深入地了解学生学习与发展的过程，必须收集和考查学生在一段时期内的作品及相关证据。通过分析和反思成长记录袋中积累的学生作品，学生学习过程中的成功之处与薄弱环节可以被学生本人和教育者所认识，这对于学生的学与教师的教都具有重要的启发意义。教育者要合理利用包括成长记录袋在内的多种评价方式，关注学生学习与发展的过程，提供有针对性的教学、指导与支持。

第四，成长记录袋十分重视评价过程中学生的参与，尤其是学生的自我评价与自我反思，充分发挥了学生学习的主动性。

学生的参与是成长记录袋的重要特征，[1](26) 这与传统学生评价中以教师为中心，学生只是被动接受评价的做法完全不同。在成长记录袋创建和使用的过程中，学生可以选择将什么装进成长记录袋，可以参与成长记录袋评价标准的制定，可以把自己的作品和进步与他人分享，尤其需要指出的是，成长记录袋评价提供给学生对自己的作品进行自我评估和反思的机会。

以写作成长记录袋为例，教师可以让学生把自己的作品先存放在文件夹里，然后在自我反思的基础上，选择部分作品连同相应的反思记录装入成长记录袋。在反思过程中，学生要填写一份调查表，反思三个问题：（1）本次写作的任务和要求是什么？（2）你最喜欢这篇文章的哪一点？（3）你最不满意的是什么，如何改进？这种做法使学生清楚地发现自己在写作方面的优缺点，从而明确下一步的改进目标，并在不知不觉中培养起对自己学习负责的态度和精神。

学生的参与，使评价不再是完全由教师支配的过程，学生也可以部分地控制和参与这一过程，教师角色和师生关系由此发生了相应的变化。可以说，成长记录袋应用中的自我评价和反思，尊重和发扬了学生的主体意识，充分调动了其参与学习的积极性和主动性，在很大程度上促进了其潜能与创造性的发挥。

第五，积累有关学生学习与发展的各种数据与证明，促进形成性评价与终结性评价的有机结合，使教、学与评价有机结合起来。

形成性评价与终结性评价既有区别，又相互联系。将形成性评价与终结性评价有机地结合起来，已成为当前学生评价的主要趋势之一。成长记录袋恰好为此提供了一种十分简便易行的工具。成长记录袋中积累了学生在一段时期内的丰富作品和相关证据，为形成性评价服务，由此可以发现学生的进步，诊断学生的不足，同时，也为终结性评价准备了数据上的基础，促进了两者在教育全程中的结合。

具体的做法至少有两种。一是只有经过长期考查才能做出评判的某些心理特质（如学习的态度与兴趣、批判思考的能力、与人沟通的能力、自我反思的能力等），教师可以在一段时期结束后，通过回顾成长记录袋中的各种相关作品和证据，用整体的眼光，做出客观、合理的评价和解释；二是在学业成就（主要是知识与技能的掌握）评价中，教师可以有意识地抽取成长记录袋中的若干份学生作品或相关证据，评分后按一定的权重合并成一个新的分数，作为学生的平时成绩纳入终结性评价。如果终结性评价的分数全部取自日常作品（如作文），也就为减少或局部取消考试提供了可能。评价有机渗透在教学活动的各个环节，评价与教学有机结合，相互联系，相互促进，相辅相成。

成长记录袋的不足

首先，成长记录袋的应用费时费力，需要本已十分忙碌的教师付出更多的时间和精力。

这是一个不容忽视的重要问题。应用成长记录袋的最大障碍就是时间问题。成长记录袋内容的收集、编排、保存等工作尽管可以由学生在教师指导下完成，但仍需教师为此付出很多时间和精力。而且，教师还要经常与学生一起，对成长记录袋中的学生作品进行回顾与反思，就评价进行师生对话。一般说来，即使与每个学生就成长记录袋一个月对话一次，每次5至10分钟，在班额较大的学校里，教师的负担也通常难以承受。不过，也有一些研究者对此持不同的看法。他们认为，如果在成长记录袋应用中教师能够做到与教学阶段的各个目标相结合，选择合适的成长记录袋类型，把教学与评价有机地结合起来，做好时间与内容上的管理，就可以使成长记录袋评价成为教学过程中的一个部分，由此提高工作效率。

其次，在学生成长记录袋中的作业样本可能并不能代表他实际上知道些什么和能做些什么，也就是说成长记录袋评价的效度很难保证。

甄泰（C. Gentile）对成长记录袋评价所得分数与在同一领域中所做的其他评价所得分数进行了相关分析，发现学生的成长记录袋分数与标准化分数之间，基本上是或然关系。[5]赫曼（J. L. Herman）等人的研究也发现，整体的成长记录袋评分与标准化测试评分之间不存在任何相关，而成长记录袋的个别部分与标准化评分之间的相关从0.13到0.31不等。[6]这种效度上的缺陷，很可能使家长或其他有关人员（如学生换班后的新教师）对学生的能力与成就形成歪曲的认识，从而影响他们对待学生的态度和行为。因此，成长记录袋的使用者必须关注效度问题。在将成长记录袋用于大规模评价时，成长记录袋要收集哪些内容应慎重确定，以使评价结果可以在全部参与对象中进行比较。另外，有的教师或家长为了应付成长记录袋的高利害应用，代替学生修饰作品，以使学生、教师和学校在评比中得到高分，这一点也值得注意。

也有学者提出，在量化评价中产生和应用的效度概念，不适用于尊重学生个别差异并力图对这种差异进行解释的质性评价方式。但为了与量化评价进行沟通，我们不能简单地排除效度的分析，因此需要重新检讨效度的概念，或针对不同评价方式对效度进行重新分类。

再次，成长记录袋的标准化程度较低，从而难以在个体之间进行比较。

灵活性是成长记录袋的最大优点，但具有讽刺意味的是，它同时也是成长记录袋的最大缺陷。[7]正是这种灵活性，使得成长记录袋的内容五花八门，缺乏一致性，在用于较大范围的评价时难以在个体之间进行比较。要克服这一弊端，在一所学校里，或在一个学区内，统一教学目标，提出基本的成长记录袋内容选择框架，被证明是一条可供选择的有效策略。但是，在其他结构性较差的学科能力评价中，或是更大范围内的使用，这种努力能否取得成功，还是未知之数。并且，如果在实施成长记录袋评价的过程中，过分强调标准化，就会使成长记录袋失去丰富的个性，表现出千篇一律的面孔。标准化与表现个性的矛盾，是成长记录袋评价中有待解决的重要课题。

成长记录袋的创建与使用

在本轮基础教育课程改革中，成长记录袋的应用受到教师和研究人员的广泛关注。数学、语文、英语等很多学科的两版课程标准都在"评价建议"部分对成长记录袋的创建与使用提出了相应的意见和建议。《教育部关于积极推进中小学评价与考试制度改革的通知》（教基〔2002〕26号）[8]、《国务院关于深化考试招生制度改革的实施意见》（国发〔2014〕35号）[9]以及《教育部关于加强和改进普通高中学生综合素质评价的意见》（教基二〔2014〕11号）[10]等有关文件也要求中小学建立规范的学生综合素质表现成长记录袋，"客观记录学生成长过程中的突出表现，注重社会责任感、创新精神和实践能力"。那么，究竟教师应如何创建和使用成长记录袋？在实践中要注意哪些问题？我们在借鉴、综合与实验的基础上，将创建与使用成长记录袋的过程分为五个关键的步骤。[11]

明确使用成长记录袋的目的与用途

正如摄影师会根据光线和布局来选择一系列的照片在摄影课上使用，而在工作面试时会选择另外不同系列的作品一样，成长记录袋中作品的选择也要根据目的来加以引导。[4](206)明确目的与用途是创建成长记录袋的开始。归结起来，创建成长记录袋的可能目的与用途主要有以下三种：[12]

第一，展示最佳成果。用于这种目的的成长记录袋所包含的内容一般是由学生选择的，但这并不意味着学生可以不考虑同伴的意见或者教师的建议。这种成长记录袋的内容是非标准化的，学生将其最好的或最喜爱的作品收集起来，并说明选择这些作品的理由或进行反思。这种成长记录袋的一个重要目的是，让学生学会根据特定的评价领域和展示对象的情况，确定收集哪些最能够证明他们知道什么和能够做什么的作品。

第二，描述学生学习与发展的过程。用于这种目的的成长记录袋不仅要收集不同时期学生的作品，还收集观察或测试的结果、家长评价意见等各种有关的过程性资料。学生的自我评价与自我反思也可以放入其中。这些材料可以为教师及时提供关于学生每日进展的丰富信息，同时还可作为一种手段为学生提供形成性的反馈，是一个典型的形成性评价过程。

第三，评估学生学习与发展的水平。这种成长记录袋的内容通常是结构化或半结构化的，多用于终结性评价，其结果可以作为成绩评定和证明成就的依据，也可以作为学生升级、留级与否等高利害决策的参考。学校、学区和地方教育行政部门要解释和证实对某一教育方案评价的结果，也可以把这种成长记录袋作为附加的或主要信息来源，以反映方案的效果。

对选择成长记录袋内容提供指导

明确成长记录袋的使用目的为创建成长记录袋提供了基础，但目的本身并不能使学生知道要做些什么和怎么做，使用目的还要与清晰的指导建议相结合。[4](210)

对成长记录袋内容选择的指导建议要明确、具体，使学生知道具体的要求是什么，但又不会使学生感到过分的束缚。成长记录袋的吸引力之一在于它的灵活性，过多的规则会抑制学生的创造性，妨碍学生的自我反思以及形成对自己学习负责的态度。而如果规则过于笼统则会使学生感到无所适从，不知道什么是应选择的内容，什么样的做法是合适的。当成长记录袋用于终结性评价的时候，缺乏规则还很可能造成不公平，因为如果有的学生所选择的内容是不合乎要求的，或者没有机会展示其技能，那他们与其他学生相比就会处于劣势。

指导建议通常要明确以下内容：(1)创建成长记录袋的目的；(2)用成长记录袋评价什么；(3)成长记录袋给谁看；(4)什么类型的作品适合放进成长记录袋；(5)将使用什么标准和方式来评价作品。这五个方面紧密联系，基本上勾勒出一个成长记录袋的框架。

以美国匹兹堡公共学区为例，[13]他们在全区范围内运用成长记录袋来评价6至12年级学生的写作能力。这种写作成长记录袋要求学生收集4篇作品，分别是：(1) 一篇学生认为"重要"的作品（依学生自己的标准来判断）；(2) 一篇学生认为"满意"的作品；(3) 一篇学生认为"不满意"的作品；(4) 一篇由学生或教师随机选择的作品。对每篇作品来说，学生既要提交作品的终稿，也要提交作品的初稿。同时还要求学生对作品进行反思，并回答与之有关的几个问题。

指导建议还涉及创建成长记录袋时与他人合作的问题。很多情况下，成长记录袋中的作品既包括个人的独立作品，也包括小组合作产生的作品。学生要知道如何给小组合作作品署名、如何保护知识产权、如何尊重他人贡献、如何体现个人成长等。建立清晰的合作规则，可以鼓励学生与他人合作，在合作中更好地成长。

明确学生在成长记录袋创建与使用过程中的角色

成长记录袋是学生作品的有意收集，反映的是学生已获得的成就以及获取成就的过程。学生既是成长记录袋评价的对象，又是评价的主体，从建构主义的观点来看，学生的自主参与是决定成长记录袋成功与否的关键因素之一。在成长记录袋创建与使用的过程中，学生参与的方式有很多，具体地说，主要有：

- 可以选择将什么作品装入成长记录袋；
- 可以在不同程度上参与评价标准的制定与修改；
- 可以对自己的作品进行自我评价，并积极参与对同伴作品的评价；
- 可以撰写日志，对自己的学习过程进行记录和反思；
- 可以把自己的作品和进步与他人分享；
- 可以在教师的指导下，组织有家长参加的成长记录袋展示活动。

让学生参与成长记录袋内容的选择，是使用成长记录袋的基本要求。成长记录袋是学生自己作品的集合，其所有权属于学生，学生有权选择将什么作品装入成长记录袋，但这并不意味着学生可以随心所欲地选择，可以简单地将所选择的任何东西放进成长记录袋。学生的选择应当在教师提供的指导建议框架内"自由"进行。

自我评价和自我反思，是学生参与成长记录袋创建的最高水平，这已引起许多教师和研究人员的重视。要想使学生的自我评价与自我反思能起到预期的积极作用，教师不能只是简单地提出要求，要给学生以必要的指导，让学生知道评价什么、反思什么，以及怎么评价和反思。给学生提供一个自我评价或自我反思用的表格，是一种值得提倡的做法。通常，这种表格除了学生的姓名和对作品的简短描述之外，还鼓励学生反思他们为什么选择这些内容，以及他们所选择内容的突出特征是什么。必要的时候，表格中还可以留出教师评论的地方，供教师写下反馈意见，对学生的自我评价与反思提供更为细致的指导。

确定评分的程序及评价标准

成长记录袋评分与否以及如何评分取决于它的使用目的。如果成长记录袋用于展示学生的最佳成果，那么所收集的作品不必专门进行评分，因为既然学生选择了这些作品，就表明他/她对自己的作品十分满意，认为作品已经体现了他/她所能达到的最高水平；如果成长记录袋用于形成性评价，通常要经常性地对所收集的单件作品进行分项目的细致评分，以使学生清楚地看到自己的优势与不足；如果成长记录袋用于终结性评价，教师要根据评价内容的性质决定成长记录袋评分的具体方式，可以先给所收集的每份作品评分然后换算出一个整体的分数，也可以直接采用通过整体印象进行评分的方法。

要评分，就必须有清晰明确的评价标准，这是成长记录袋评分的关键。有了它，评分者才能客观、公正地给单件作品或成长记录袋整体进行评分，学生才能明确自己的任务要求，并以此为依据对自己的作品进行自我评价和自我反思。要制定评价标准，首先要明确用成长记录袋去评价和促进什么，然后再寻找并确定评价的维度和指标，最后才形成具体的标准和细则。

需要指出的是，无论是针对单件作品还是针对成长记录袋整体的评价标准，都要简明合理，教师根据教学目标以及课堂教学实际，将最为重要的几个指标列进评价标准即可。如果评分标准过于细致，指标过多，很可能使教师的教和学生的学抓不到重点，迷失了方向，而且还会增加评价的负担。

在教学和交流中应用成长记录袋

成长记录袋的一个突出特征就是动态性，它每天、每周以及每月都会不断发生改变。教师有很多机会来检查和回顾这些作品，并与学生展开讨论和对话。在创建和使用成长记录袋的过程中进行观察，可以为教师实施形成性评价和采取某些教学决策提供依据。

成长记录袋也可以作为与家长交流的一个很好的载体。作品和学生的自我反思可以为家长提供一个了解课堂的窗口，让他们更清楚地了解孩子在学校各个方面的经历和表现。成长记录袋可提供三个方面的信息，即关于学生的现状、进步和下一步努力的领域。家长对成长记录袋中各项内容及其整体进行的评价，同样可以作为成长记录袋中的一个组成部分。

案例：阅读成长记录袋的创建与使用

在实践中创建成长记录袋，教师可以根据教学目标、应用目的，以及所具有的资源和条件，灵活确定使用步骤和方式。为了让大家进一步了解成长记录袋，以下提供一个应用案例。在课改初期，北京市石景山区古城中心小学的田慧老师在4年级阅读教学中，指导学生将课外阅读记录卡、读书笔记、读后感、好词好句摘抄、自我评价和反思表等各种有关资料收集起来，形成阅读成长记录袋，让学生感受到自己的成绩和进步，有效激发了学生的阅读兴趣。[14]

从小学生课外阅读的重要性说起

阅读教学是小学语文教学的基本环节，在小学语文教学中占用非常重要的地位。目前，小学生的阅读内容主要以教材为主，每本教材大约有30多篇课文，分为讲读课文、阅读课文和独立阅读课文三类。一般说来，讲读课只能形成学生的初步阅读能力，当小学生初步阅读能力形成后要进一步发展，就必须让他们阅读一定数量的文章。只有在独立阅读的过程中，学生才能积累更多的词句，了解更多的篇章结构形式，提高理解语言的水平，发展形象思维和逻辑思维的能力，并最终发展独立阅读的能力。

四川省的何文洁曾做过一次小范围的调查，发现所有小学生都声称自己喜欢读课外书，但主动阅读的学生却非常少，每周读课外书两小时以上的孩子尚不足四分之一，近一半左右的孩子几乎不读课外书。这在一定程度上表明，小学生课外阅读的现状不容乐观。

那么，我所任教的四（1）班学生课外阅读情况如何呢？据我的粗略了解，我班学生的课余时间多用来上各种各样的补习班，或者花在看电视、打游戏机上,能够静下来认真阅读课外读物的学生不多,而既读书又做读书笔记的学生几乎没有。因此,激发学生对课外阅读的真正兴趣,培养学生课外阅读的良好习惯,成为摆在我面前的重要课题。

阅读成长记录袋走进我的教学生活

成长记录袋是国外中小学教育中常用的一种学生评价方式。它是"学生作品的有意收集,以反映学生在特定领域的努力、进步和成就。它必须包括内容选择过程中的学生参与、选择的指南、评分的标准以及学生自我反思的证据"。它是在对传统评价进行评判和否定的基础上形成和发展起来的,可以培养学生的学习兴趣,促进学生的成长。

我最早接触成长记录袋是在北京师范大学举办的一次教育评价的教师培训班上,专家的介绍使我发现了评价和指导学生课外阅读的良方。于是,我主动与专家联系,从他那里获得了很多有关成长记录袋的资料,在认真阅读的基础上,结合我班学生的实际以及专家的指导意见,我的阅读成长记录袋计划诞生了,成长记录袋就这样走进了我的教学生活。

我最初的设想主要有:

(1)记录阅读,评比争优。设计一份课外阅读记录卡,让学生每阅读完一份读物(一篇文章、一个故事或一本书),就填写一张记录卡,收进阅读成长记录袋,并在班内定期开展评比,看谁收集的记录卡多,让孩子们在竞争中养成读书的兴趣。

(2)语言积累,读写结合。学生每阅读完一份读物,不仅要在记录卡上填写课外读物的名称、性质和作者等基本信息,还要把自己对课外读物的理解与感受等写下来,以加深对读物的理解。通过阅读掌握生字、生词和优美词句,也都在记录卡上有所体现,这将为学生积累语言材料,写好作文打下基础。

(3)自我评价,反思改进。学生的自我评价和反思对学生阅读习惯的养成和阅读能力的提高具有重要的影响,因此我让学生每过一个月就回顾一下自己的阅读历程,进行自我评价和反思,发现自己在阅读过程中存在的优势与不足，并在我的指导下提出下个月的改进意见。

（4）分享展示，共同成长。希望获得老师和家长的赞扬与认可，是每个学生成就动机的重要组成部分，因此我决定在期末时举办一次家长参加的读书报告会，让每个孩子上台介绍自己最喜欢的一份读物，并把全班学生的阅读成长记录袋在教室内展出。

实施情况及效果

阅读成长记录袋计划的正式启动已经是10月末。在班会课上，我首先用讲故事（孙康映雪、凿壁偷光、叶公好龙）、小组讨论等方式，告诉学生课外阅读的重要性，然后让大家针对如何扩大阅读范围、提高阅读能力献计献策。让我十分惊喜的是，孩子们在七嘴八舌的讨论中，竟然也提出登记阅读书目、开展讲故事比赛等想法，与我的成长记录袋设想不谋而合，所以当我提出成长记录袋计划时，孩子们都积极响应。

于是，我让每个学生当晚回家后把班会课上的体会讲给家长听，让家长也认识课外阅读的重要意义，支持我们的阅读成长记录袋计划。而且，我还和孩子们一起讨论开展课外阅读活动可能遇到的困难及解决办法，最后以学生集体的名义，给家长写了一封信（见表1），让学生在当天带回家，希望家长支持和配合我们的阅读成长记录袋计划。

第二天，孩子们不仅把填了家长意见的家长信带回学校，有些同学还把已经准备好的文件夹也带到学校。有个女生特别令人感动，她父母下岗了，家里生活十分困难，她和妈妈就用挂历纸自制纸袋，我在全班同学面前表扬了她，这不仅是因为她的纸袋做得漂亮，更因为她的态度值得学习。

半个月后，我利用语文课时间进行了一次课外阅读检查，一是想看看同学们读书的多少，二是想让大家交流一下读书的体会。没想到，孩子们都把自己的成长记录袋带到现场，检查活动成了展示交流，气氛十分热烈。除了比赛看谁收集的课外阅读记录卡多，不少同学还在活动中谈了自己的体会。有个男生说，他原来阅读的速度很慢，因而觉得读书很没意思，可是有了阅读成长记录袋之后，他减少了看电视时间，经常一个人在房里看课外读物，十多天的时间里他虽然只读了五个童话故事,但阅读速度明显提高了,家长也为此非常高兴。课后,孩子们互相交换着看其他同学的阅读成长记录袋,还互相借阅自己感兴趣的书,在班里掀起了一个读书高潮。

  在这次检查活动中,我发现了一些操作上的细节问题,主要有:(1)有的同学选择的书薄,很快读完了,有的同学选择的书厚,读完需要很长的时间,一个月都没读完。(2)有个别学生的积极性尚未充分地调动起来。(3)有个别学生在报告时不能准确、简练地描述所读书的内容,在态度上也缺乏自信。针对上述情况,我一方面完善了原有的课外阅读记录卡(见表2),增加了读物是否有拼音、估计阅读的字数、阅读所花的时间等信息,另一方面与个别学生谈话,鼓励他们积极参与到班内的读书热潮中,并在方法上提供一些有针对性的指导。

  11月末,我们的阅读成长记录袋已实施了整整一个月,我设计了一份学生课外阅读自我评价和反思表(见表3),让同学们在回顾一个月来所读读物的基础上认真填答。我选取几个自我反思比较深刻的学生在全班同学面前谈自己的体会,并把所有的自我评价和反思表张贴在教室后面的展板上,供同学课后交流。通过这次交流,很多学生都在比较中发现了自己的优点,自信心增强了,也有不少学生发现自己的薄弱之处,并找到了具体的改进方法。

  经常性的激励与督促,对于小学生维持课外阅读的兴趣非常重要。除了半个月一次的小型交流之外,我还会利用各种机会与学生谈论课外阅读,并给予及时的指导。

  在期末的读书报告会上,同学们轮流登台,报告自己一学期来的课外阅读情况。每个学生都按要求展示自己一学期来的读书清单,并报告自己最喜欢的/收获最大的一本书或一篇文章,最后还要就阅读情况做简短的自我评价和反思。报告会结束后,同学们把自己的成长记录袋摆在教室里,供所有的同学与家长参观。孩子们站在自己的阅读成长记录袋旁,热情大方地向各位家长做介绍,俨然是一个小导游。教室里人来人往,相当热闹,就像过节一样。

  我粗略地统计一下,班内50名学生在两个多月的时间里,读书300多本,故事、文章就更多了。总结一学期来应用阅读成长记录袋的情况,我发现同学们在课外阅读中表现出较好的理解能力，在写作文方面的积极性和水平也有了明显的提高，就连在日常谈话中的口头语言都比其他班好。从家长那儿反馈回来的意见更是鼓舞人心。许多家长反映孩子从过去上街只买吃的、玩的变成喜欢逛书店，从不爱看书到坚持每天看三五页课外书，从只看连环画、卡通故事，到阅读童话故事、名人传记、儿童文学、世界名著等，不仅开阔了视野，陶冶了情操，而且养成了良好的阅读习惯。

下学期的设想

应该说，本学期阅读成长记录袋的创建和使用，在我们四（1）班内营造了一种良好的读书氛围。"好的开端是成功的一半"，另一半的成功还有赖于今后的坚持与发展。因此，反思本学期阅读成长记录袋创建与使用的过程，我提出以下几点改进和调整设想：

（1）将阅读成长记录袋与语文教学有机地结合起来。也就是说，改变原来以收集课外阅读记录卡为主的做法，把阅读教学中的过程性资料也收入成长记录袋，比如在课前独立阅读课文所做的记录，为加深课文理解而通过各种途径查阅的相关资料、朗读课文的录音等，只要能反映和促进学生阅读能力发展的资料，都可以予以收集。

（2）突出阅读成长记录袋的语言训练功能。除填写记录卡之外，学生可以撰写读书心得/读书笔记，充分表达自己的见解和感受，可以设立好词佳句集锦，为写作文积累丰富的语言材料，也可以编辑图文俱全的阅读手抄报，向同学推介自己的读书成果。通过这些丰富多样的读书活动，增加阅读成长记录袋的趣味性和吸引力，并进而提高学生的独立阅读能力和语言表达能力。

（3）建立每天一次的读书报告制度。每天用一个相对固定的时段，安排一个学生在教室前面展示自己的阅读成长记录袋，并介绍自己最喜欢的一个故事或一本书。我班共有50名学生，因此大约一个学生一学期有两次报告的机会，但全班同学加起来交流的机会却有近百次之多，相当于略读了好多课外读物，这无疑会大大扩展学生的阅读范围。

总之，从我的使用经历来看，成长记录袋是一种科学有效、简便易行的新兴评价方式,无论是在阅读教学,还是在其他学科领域,都将激励和促进学生的成长,焕发出蓬勃的生机。

表1 创建阅读成长记录袋前给家长的信

致家长的一封信

尊敬的家长:

你们好!

"读书破万卷,下笔如有神"。课外阅读不仅可以帮我们开阔视野,陶冶情操,更重要的是它能培养我们的阅读能力和语言表达能力,所以我们决定每个人设立一个阅读成长记录袋,把我们的读书记录卡和相关资料收集起来,开展读书比赛,看谁读的书多。

为了成功地开展这一活动,我们决心做到以下几点,请家长给予耐心督促:

☐ 准备一个文件夹或文件袋,并自制封面,自行装饰。

☐ 每天放学后主动完成当天作业,速度要快,质量也要保证。

☐ 减少看电视时间,坚持每天读书20分钟以上。

☐ 每读完一份读物,及时、认真地填写课外阅读记录卡。

☐ 经常回顾自己的阅读成长记录袋,并把最喜欢的故事或文章讲给家长听,与家人一起分享读书的快乐。

此外,我们还诚恳地希望你们能在以下几方面给我们以支持:

☐ 适当减少上课外辅导班的时间,减少或取消额外作业,让我们有足够的时间在书海中遨游。

☐ 和我们一起读书看报,创造一个适于阅读的良好家庭气氛。

☐ 在我们有阅读困难的时候,请给予必要的帮助。

衷心地感谢你们,也祝愿我们的阅读成长记录袋计划能圆满成功。如果你们还有什么疑问或建议,请与我们的田老师联系。

四(1)班全体同学

××年×月×日

表2 学生使用的课外阅读记录卡

课外阅读记录卡

学生姓名：_____　　　　班级：_____

阅读时间：_____　　　　记录时间：_____

1. 读物名称：_____　　　字数：_____

    作者：_____　　　　　读物出处：_____

    是否为注音读物：□ 是　　　□ 否

2. 读物的类别：

    □ 童话寓言　　　□ 世界名著　　　□ 历史地理

    □ 科幻小说　　　□ 卡通故事　　　□ 自然科学

    □ 学习辅助材料　□ 其他（请写明）

3. 这份读物的主要内容是：

4. 阅读完这份读物，我最大的收获和体会是：

5. 在阅读过程中，我认识了几个生字词，分别是（没有不用写）：

6. 这份读物中给我印象最深刻的优美句段是：

表3 学生使用的自我评价和反思表

自我评价和反思表

学生姓名：_____   填表日期：_____

我认真地回顾了从 ____ 月 ____ 日到 ____ 月 ____ 日期间阅读过的课外读物和记录卡，发现我总共阅读了 ____ 份读物，合计 ____ 字左右，我的收获还真不少。

1. 在阅读习惯和阅读能力方面，我的成就和进步主要体现在：

2. 之所以会有上述的成就和进步，我认为是因为：

3. 在阅读过程中，我还有一些需要改进或克服的问题，它们是：

4. 我对老师、家长或同学的希望和建议还有：

5. 最后，我想告诉大家：

实践中应用成长记录袋的主要问题

在课程改革推进过程中,特别是课改头几年,中小学教师对成长记录袋这种新兴评价方式寄予了厚望,也投入了很大的热情,在实践中积极探索成长记录袋的创建与应用,积累了很多有益的经验,同时也面临一些亟待关注的问题。这些问题不仅影响了成长记录袋潜在优势与功能的发挥,也在一定程度上销蚀了教师对应用成长记录袋的兴趣与信心。在回顾课改十多年来成长记录袋应用基本情况的基础上,剖析实践中的问题,可以激发教育者的批判性反思,使实践改进成为可能。

望文生义地理解成长记录袋,没有体现其核心特点

成长记录袋毕竟是"舶来品",尽管在课改之前就已有人在教育实践中自发地应用过成长记录袋,但就整体而言,广大教育工作者对成长记录袋还比较陌生,加之缺乏相关的培训与指导,有些中小学教师和研究者对成长记录袋的认识基本上停留在日常概念水平,对其性质与特点的理解还很肤浅。不少人将成长记录袋望文生义地理解为学生成长的记录,正所谓"成长记录,记录成长",类似于一个记事本、一本相册,或者一段录像,记录了"学生成长过程中的喜怒哀乐,每一个成长的脚印都有了记录的载体"。正是由于这种认识上的偏颇,许多学校和教师设计的成长记录袋都是综合性的、跨学科的或脱离学科的,主要用来收集"我的学期发展目标"、"学期期末的我"、多主体评价意见、获奖记录、成绩单等资料。但实际上,成长记录袋作为质性评价的典范,特别强调其主要成分是学生作品,包括作文、图画、手工制作、表演录像、调查报告等多种表现形式,[15]教师要在学科教学过程中指导学生有意识地收集自然形成的各种原始资料。只有抓住成长记录袋的核心特点,注重学生作品的收集，在重视结果和量化的同时更强调过程和质性，才能通过成长记录袋展现学生的学习努力、进步和成就。

功能比较单一，局限于展示和激励用途

成长记录袋可以有多种用途。美国学者格雷德勒根据用途将成长记录袋分成展示型（showcase portfolio）、文件型（documentation portfolio）、课堂型（class portfolio）和评价型（evaluation portfolio）等4种。[16] 国内学者赵德成、徐芬[12]结合我国推进新课程的实际需要，建议教师在实践中创建展示型、描述型和评价型成长记录袋。每一种类型都有其不同的用途和适用范围，都能从不同方面、在不同程度上促进学与教。

但是，纵览我国中小学教师设计的成长记录袋，我们发现成长记录袋应用的功能比较单一，绝大多数成长记录袋都是为了展示最佳成果。它收集学生的优秀作品（或满意作品）、获奖证书、教师评价意见等，并在适当的时候在不同的范围内进行展示与交流。这种成长记录袋使学生有机会展示自己的成就与进步，获得他人的关注与赏识，对于增进学生的自我效能感和自信心具有积极的作用。但需要指出的是，如果将成长记录袋的用途局限于展示和激励，那么它促进学生成长的作用是有限的。毕竟，成长记录袋是作为一种替代性评价工具出现的，是在对传统标准化测验进行批判的基础上形成的新兴评价方式，它最重要的用途还是评价，我们要有意识地强化成长记录袋的评价功能。

学生参与程度有待进一步提升

学生参与是成长记录袋的重要特征。随着课改的深入推进，多数教师接受了建构主义思想和评估主体多元化的观念，在成长记录袋应用实践中注重了学生的参与，常见方式有学生自己装饰成长记录袋、自己选择收集的材料，将自己的成长记录袋与别人进行分享等。但必须承认的是，在实践中学生的参与还是停留在比较浅表的层次上，典型问题有：（1）有些地区或学校统一设计成长记录袋框架，让所有学生使用同一种已经设计、印刷、装订好的成长记录袋（册），学生只需在规定时间收集或填写某些资料即可；（2）很多成长记录袋收集的资料不是以学生作品为主,学生依照评价标准对作品进行自我评价与反思的机会比较有限,且不够深入;(3)成长记录袋使用中所涉及的评价标准通常由教师确定,学生很少参与。这些问题在一定程度上限制了学生参与的程度,妨碍了学生主体性的发挥。

高利害应用成长记录袋的信度、效度难以保证

在综合素质评价中应用成长记录袋,通过多种形式的原始资料评价学生的综合表现,可以说是一种积极而有益的探索。以北京市为例,在初中阶段,教师要以"学生综合素质发展记录袋"为手段,把在教育教学过程中自然形成的、能反映学生综合素质发展过程的、有代表性的信息及时记录和储存下来,然后用多元主体评价和共同建构的方式取得评价结果。在高中阶段,教师要根据普通高中学生综合素质评价指标体系,以书面评语(自我、同学、家长、班主任、学科教师评语等)、模块测验、学科会考成绩、身体素质测试成绩、综合实践活动成果、个性特长等形式呈现评价信息,并按要求记录在电子平台的相应栏目中,这个电子平台实际上就是反映高中生综合素质发展的"成长记录袋",见证了青年学生的成长历程。[17]

值得注意的是,如果将综评结果与中学生毕业、升学联系起来,这种应用就属于高利害评价。一般来说,在高利害评价中应用成长记录袋需要评分,但由于成长记录袋中所收集的作品及其他资料丰富多样,评价标准也比较复杂,因此要评出一个客观、公正的分数,不仅需要大量的时间和人力,而且评分者的信度和效度也面临严峻的挑战。[18](158)

美国匹兹堡公共学区利用成长记录袋评价区内6~12年级学生的写作能力,他们对1250个成长记录袋进行评分,共花费了815个工作小时,花了25名中学教师大致一周的时间。[13]另外,成长记录袋评价的效度问题也很突出。有国外学者对成长记录袋评价所得分数与在同一领域中所做的其他评价的分数进行了相关分析,发现学生的成长记录袋分数与标准化分数之间,基本上是或然关系。[5]如何通过成长记录袋评价学生的综合素质以及如何使用这种评价的结果,有待深入的研讨。[19]

成长记录袋的未来发展方向

发挥评价促进学生发展、教师提高和改进教学实践的功能是当前和今后教育评价改革的基本方向。为了充分发挥成长记录袋的发展性功能，使之有效促进教师的教学改进和全体学生的全面发展，我们提出如下一些建议。[20]

加强相关研究与培训

实践中问题的产生，通常与理论指导不力有关。在我国，研究者于课改初期翻译出版了系列英文专著，撰写了一些引介文章。有学者[21]曾经对2000~2005年期间有关成长记录袋的中文发表物进行编码分析，发现有关发表物的数量逐年增加，呈明显上升趋势。但需要指出的是，这些相关发表物的绝对数量实际上相当少，当时采用"成长记录袋"、"档案袋"、"电子学档"、"作品集"、"学习文件夹"、"portfolio"等多个关键词在中国期刊网进行检索，查找到96篇相关文章，其中涉及中小学阶段成长记录袋应用的文章仅有32篇。我们对2005至今的相关发表物进行分析，发现总体文章数量继续保持上升趋势，但发表在CSSCI核心期刊上的高水平文章数量仍然很少，不足10篇。这在一定程度上表明我国有关成长记录袋方面的研究相对匮乏，加之质量参差不齐，不能为实践中的应用提供强有力的专业支持。一旦培训缺乏研究的引领与支持，培训的质量就难以保证。这直接导致很多教师对成长记录袋的基本原理、操作技术及其背后的教育理念缺乏深入的认识，在实践中应用成长记录袋只是"摸着石头过河"，不可避免地"走弯路"。

因此，我们要加强成长记录袋的理论研究，从建构主义、多元智能、自主学习、元认知、真实性评价等不同视角对成长记录袋应用进行理论分析，探明成长记录袋促进学生发展的作用机制和关键技术，同时还要深入基层，与中小学教师一起开展行动研究，形成成长记录袋应用的先进经验和优秀案例，最后在此基础上开发理论与实践相结合的培训教材，夯实针对教师的理论培训和实践指导，引领教师在实践中合理、高效地应用成长记录袋。

强化成长记录袋的评价功能

成长记录袋是作为一种替代性评价工具出现的，它最基本的用途是评价。成长记录袋既可以应用于形成性评价，细致描述学生学习的过程，监控学生学习进展，及时发现学生学习中的优势与不足，并进行有针对性的动态调整，如文件型或描述型成长记录袋，成长记录袋也可以应用于终结性评价，用来考查学生经历一定时期学习之后达成目标的程度，分析学与教的效果，如评价型或课堂型成长记录袋。目前，中小学教师多将成长记录袋用于展示性用途，功能比较单一，这种状况必须予以改变。

在未来，中小学教师和研究者要从评价视角理解与使用成长记录袋，强化成长记录袋的评价功能。具体的建议有：

（1）教师在设计成长记录袋前要明确用成长记录袋评价什么。"教育评价之父"泰勒曾经指出，"评价过程在本质上是确定课程和教学大纲在实际上实现教育目标程度的过程"，[22](262-279)是考查教育目标实际上达到什么程度的一种手段。任何评价工作必不可少的第一步是明确教育活动的目标。在使用成长记录袋时，无论是形成性用途还是终结性用途，教师都必须明确创建成长记录袋用来评价什么学习目标的达成程度，包含哪些维度和表现指标。即便是展示型成长记录袋，教师也要清楚到底展示的是学生在哪些学习目标上所取得的最佳成就。

（2）成长记录袋进入学科。并不是每个学科、每个教学领域都适合使用成长记录袋，但成长记录袋只有进入学科，专注于学业目标，收集以学生作品为主的各种资料，为教学提供有意义、有用的反馈，才能使之与人事档案区别开来，才能获得真正的生命力。[23](363-364)具体应用的范围与方式可以由教师来确定。比如，物理教师可以指导学生设计一个实验设计成长记录袋，将学生开展物理实验的相关资料收集起来，作为评价学生达成物理实验学习目标的方式；语文教师可以指导学生设计一个写作成长记录袋，将学生写作的原始素材、初稿、修改稿、同伴评议意见、终稿等各种相关资料收集起来，用来深入分析学生在写作方面的优势与不足，促进学习目标的达成。

（3）成长记录袋与教学活动自然结合起来。当前，很多学校在轰轰烈烈开展一两轮成长记录袋展示交流活动之后就"偃旗息鼓"了，其主要原因就是很多教师没有处理好成长记录袋与教学活动的关系，为评价而评价，增加了师生的负担。评价应该是教学的一个有机组成部分，成长记录袋评价要与教学融合在一起，这样做不仅可以使两者相互促进，而且减轻了学生负担，学生不用为了创建成长记录袋而专门制作某些材料，只需将教学活动中自然形成的学生作品等资料收集起来，做简单的整理即可。

拓展学生参与的深度和广度

学生是学习与发展的主体。要想实现成长记录袋的各种潜在优势，最大限度地发挥其效用，必须让学生参与其中。[4](217) 学生以多种形式参与到成长记录袋评价中，可以有效培养学生的责任感和自主性，提升批判性思考、自我评价及元认知能力，使可持续发展成为可能。目前，多数教师在成长记录袋应用实践中都很注重学生参与，但参与的深度和广度不够，尚停留在浅层次上，有些甚至是在走形式。在当前和未来很长一段时期，如何拓展学生参与的深度和广度应该成为教师和研究者重点研究的问题之一。

基于我们在中小学开展相关行动研究所积累的经验，我们建议：

（1）让学生参与成长记录袋材料的选择。美国教育评价专家斯廷金斯特别强调这一点，他做了这样一个类比：[23](369) 如果一个人要为自己创建一份用于求职的成长记录袋，他必须自己分析所申请岗位的任职条件，自己决定选择哪些材料向潜在雇主证明自己的能力，显示自己的优点；同理，在明确了成长记录袋要评价的内容之后，学生就要自主思考和决定选择哪些材料向教师证明自己达成目标的程度，这个过程本身就是一种重要的学习活动。教师不能在成长记录袋创建中包办这一过程，不能代替学生提出要收集的材料清单。当然，学生参与材料选择并不意味着完全听凭学生意见，相反，教师要通过协商给学生以明确的指导,以确保成长记录袋评价的效度。

(2)鼓励学生自我评价与反思。学生要明确成长记录袋使用的目的以及要评价的学习目标,并以此为依据经常反观自我,了解自己不断变化的学习过程,对自己的优势和不足保持清醒的认识,并通过自主探究找到改进学习的办法。这种自我评价和反思在早期没有受到应有的重视。在未来,教师要特别鼓励这种高水平的思考,提升学生的自我评价的能力、自我监控的能力及自我发展的能力。为了增加自我评价的实效性,教师还要提高指导能力,要善于提出一些激发学生自主反思的问题,要针对不同的学习目标提出具体的反思性框架,并提供一些引导性练习。

在高利害评价中谨慎使用成长记录袋

成长记录袋在综合素质评价和中高考实践中的应用属于高利害评价,所以受到学生、家长、教师等利益相关者的广泛关注。目前,我国综合素质评价结果的应用可以分为三种类型,分别是"硬挂钩"(将综合素质评价的等级视同一门考试科目的成绩,与其他科目成绩相加后作为毕业或升学的依据)、"软挂钩"(同等条件下,高一级学校优先录取综合素质评价分数高的学生)和"不挂钩"。"不挂钩"使综合素质评价成为可有可无的摆设,不能发挥综合素质评价的导向作用,所以不能提倡。但在成长记录袋评价信度和效度难以保证的情况下,如果将其作为综合素质等级评定的重要依据,并将结果与毕业、升学相联系,又会存在一定的风险。[24]有关改革必须谨慎。

美国的经验可供借鉴。[25]在美国,高中生在申请大学时除了要提供自己的 SAT 或 ACT 标准化考试成绩之外,还要提供高中三年平时学习成绩单、入学申请、推荐信、备选材料"有其他哪些你想让我们了解的"等多种资料,这些资料的集合其实就是一个成长记录袋。招生人员在浏览申请者成长记录袋材料的基础上给出模糊评价,作为录取的参考依据。

成长记录袋评价在高利害评价中的应用是一项系统性工程,如何选择合适的评价者,如何确保评价的信度和效度,以及如何在制度上根除舞弊和腐败等,一系列有关问题都需要系统思考和设计。

参考文献

［1］徐芬，赵德成，国家基础教育课程改革"促进教师发展与学生成长的评价研究"项目组织.成长记录袋的基本原理与应用［M］.西安：陕西师范大学出版社，2002.

［2］Danielson C., Abrutyn L.（1997）. An Introduction to Using Portfolios in the Classroom.［EB/OL］. Available: http://www.ascd.org/readingroom/books/danielson97book.html.［April 2,2001］

［3］Barton J., Collins A. 成长记录袋评价：教育工作者手册［M］.国家基础教育课程改革"促进教师发展与学生成长的评价研究"项目组译.北京：中国轻工业出版社，2005.

［4］Linn R.L., Gronlund N.E. 教学中的测验与评价［M］.国家基础教育课程改革"促进教师发展与学生成长的评价研究"项目组译.北京：中国轻工业出版社，2003.

［5］Gentile C.(1992). Exploring new methods for collecting students' school-based writing. Washington, DC: National Center for Educational Statistics.

［6］Herman, J. L., Gearhart, M., & Baker, E. L. (1993). Assessing writing portfolios: Issues in the validity and meaning of scores. Educational Assessment, 1(3), 201—224.

［7］Valencia, S. (1990). A portfolio approach to classroom reading assessment: The whys, whats, and hows. The Reading Teacher, 43, (4), 338—340.

［8］教育部办公厅.教育部关于积极推进中小学评价与考试制度改革的通知（教基［2002］26号）［Z］.2002年12月30日.

［9］《国务院关于深化考试招生制度改革的实施意见》（国发［2014］35号）.

［10］《教育部关于加强和改进普通高中学生综合素质评价的意见》（教基二［2014］11号）.

［11］赵德成.成长记录袋的创建与使用［J］.天津师范大学学报（基础教育版），2003，（4）：38—42.

［12］赵德成，徐芬.成长记录袋应用的反思与改进［J］.语文建设，2002，（7）：43—44.

[13] LeMahieu, P. G., Gitomer, K. H., & Eresh, J. (1995): Portfolios in large-scale assessment: Difficult but not impossible [J]. Educational Measurement: Issues and Practice, 14(3),11—28.

[14] 田慧.阅读成长记录袋的创建与使用[A]//徐芬,赵德成.国家基础教育课程改革"促进教师发展与学生成长的评价研究"项目组组织.成长记录袋的基本原理与应用[M].西安:陕西师范大学出版社,2002:92-100.

[15] 徐芬,赵德成.档案袋评价在中小学教育中的应用[J].教育研究与实验,2001,(4):50—54.

[16] Gredler,M.E. Classroom Assessment and Learning [M].New York: Longman,1999.

[17] 王薇.北京市普通高中学生综合素质评价的实践探索[J].教育测量与评价,2010,(12):8—11.

[18] Popham W. J.促进教学的课堂评价[M].国家基础教育课程改革"促进教师发展与学生成长的评价研究"项目组译.北京:中国轻工业出版社,2003.

[19] 赵德成.成长记录袋在大规模、高利害评价中的应用[J].教育理论与实践,2003,(8):26—29.

[20] 赵德成.成长记录袋应用的回顾与反思[J].课程教材教法,2012,(5):21—26.

[21] 林雯.档案袋在我国的研究及应用现状分析[J].开放教育研究,2005,(4):51—55.

[22] [美]泰勒,施良方译.怎样评价学习经验的效用?[A]//瞿葆奎主编,陈玉琨,赵永年选编.教育学文集第16卷教育评价[M].北京:人民教育出版社,2003.

[23] Stiggins R.J.促进学生的学生参与式课堂评价(第四版)[M].国家基础教育课程改革"促进教师发展与学生成长的评价研究"项目组译.北京:中国轻工业出版社,2005.

[24] 赵德成.初中毕业生综合素质评价实践的问题与思考[J].中国教育学刊,2007,(7):49—52.

[25] 洪志忠.美国高中综合素质评价对我国的启示[J].当代教育科学,2010,(24):17—19.

情意领域的评价
第6章

新课程实施以来，情感态度与价值观的培养成为课程目标的重要组成部分。各学科课程标准都明确阐述了情意领域的培养目标，并提出相应的教学与评价建议。

如何理解情意目标？如何实施情意评价？如何充分发挥情意评价的发展性功能？一系列问题亟待教师、教研员及研究者深入研究。

概　览

1. 在我国，情意领域的目标在本轮基础教育课程改革中受到高度重视，这不仅是对以往过分注重知识与技能倾向的纠正，也是贯彻育人为本和全面发展的教育理念的一种体现。

2. 对义务教育课程标准进行归纳，发现多数课标强调的情意领域目标主要涉及学习情感、对学科的态度、对自我的态度、对他人的态度，以及价值观等。

3. 克拉斯沃尔等人将情意领域的教育目标按内化过程分接受、反应、价值化、组织、价值的性格化五个层次，构成了一个由低级到高级的情意发展连续体。

4. 情意评价多采用自我报告的方式，要求学生说出他们关于兴趣、态度、价值观等情意因素的想法和感受。这种方法简便易行，但容易受学生诚实回答的意愿、社会称许效应，以及外在情境等方面的消极影响。

5. 在自然情境下对学生情意表现进行持续观察，比单纯使用问卷或访谈等自我报告方式，能收集更真实、丰富和有用的信息，从而对学生的情意表现形成更准确的推断。

6. 教师在实施情意评价时必须淡化利害联系，尽量与高利害决策脱钩。因为一旦情意评价的结果与学生的名誉、分数、奖惩和升学等实际利益联系起来，学生就很可能在评价者面前掩饰自己的行为，在自我报告过程中不表达真实想法。

情意领域的目标

在基础教育领域，每个人都不否认情意领域评价的重要性。要深入探讨情意领域的评价问题，必须先厘清相关概念的内涵并操作化定义某些重要变量。惟其如此，我们才能清晰界定情意领域的具体目标，并采用合适的方法予以评价。

情意领域的重要目标

情意领域是一个怎样的领域？包含哪些成分？如何操作化地予以界定？这是开展情意评价首先需要回答的问题。但由于"情意"本身是一个十分复杂的概念，难以精确地定义，目前还没有能为大家所公认的解释。当被问及"什么是情意"的时候，许多教师和研究者往往不会正面回答，而是通过正反举例的方式来加以说明。比如，"情意是非智力因素，一个人的态度、兴趣和价值观都属于情意变量"；又如，"情意是认知领域和动作技能领域以外的，和情感联系比较紧密的那些变量，如兴趣、动机、态度"。笼统地说，情意领域主要涉及一个人的情感、态度、兴趣和价值观等。

在我国，情意领域的目标在本轮基础教育课程改革中受到高度重视，这不仅是对以往过分注重知识与技能倾向的纠正，也是贯彻育人为本和全面发展的教育理念的一种体现。

从内部构成上来说，我国在情意领域主要关注情感、态度和价值观三个方面。以义务教育语文课程标准（2011年版）为例，它在课程目标部分明确指出，"课程目标从知识与能力、过程与方法、情感态度与价值观三个方面设计。三者相互渗透，融为一体"。[1](6) 在总体目标中，我们可以找到有关三个变量的相应表述。如，"培育热爱祖国语言文字的情感，增强学习语文的自信心"，"在发展语言能力的同时，发展思维能力，学习科学的思想方法，逐步养成实事求是、崇尚真知的科学态度"，"培养爱国主义、集体主义、社会主义思想道德和健康的审美情趣，发展个性，培育创新精神和合作精神，逐步形成积极的人生态度和正确的世界观、价值观"。[1](6)数学、科学、英语等各科课程标准基本上都像这样对情感态度与价值观目标进行了描述。

对义务教育课程标准进行归纳，发现多数课标强调各学科教师应予重视的情意领域目标主要如下：（1）学习情感：学生在学习中获得积极、愉悦的情感体验，愿意继续学习，并逐渐成长为一个乐于学习的人；（2）对学科的态度：学生对所学学科形成积极的态度，对学科保持好奇心，愿意讨论相关话题或探究相关问题；（3）对自我的态度：学生在学习中能体验成功，从而逐渐形成积极的自我概念、自尊和自我效能感，发展自信心和意志力；（4）对他人的态度：学生能与他人友好相处，理解、尊重和宽容他人，具有良好的沟通合作能力；（5）价值观：学生要逐渐发展一些全社会共同认可的重要价值观，如爱国、诚信、正直、友善、公平等。

由此可见，与人们的惯常理解不同，情感态度和价值观在新课程背景下已被赋予十分丰富的内涵。[2]其中，情感不仅指学习热情和学习兴趣，还包括爱、快乐、审美情趣等丰富的内心体验；态度不仅指学习态度，还包括乐观的生活态度、求实的科学态度、宽容的人生态度等；价值观则强调个人价值与社会价值的统一，强调全社会广泛认可的核心价值观。这三个方面共同勾勒出人在情意领域发展的完整画面。

情意目标的层级分类

要深入理解情意领域的目标，必须将其与教育目标分类学联系起来。1956年，布卢姆和他的同事出版了《教育目标分类学：认知领域》，将教育目标分为认知、情意和动作技能三个大的领域，并对认知领域的主要成分进行了细致的描述和例释。[3]这本书在刚刚出版的几年时间里，几乎没有引起人们的注意。直到60年代早期，随着美国政府和公众对教育目标的兴趣日益增长，特别是克拉斯沃尔（D. R. Krathwohl）及其同事在1964年出版了《教育目标分类学：情意领域》之后，教育目标分类学才开始受到重视。教育目标被分为认知、情意和动作技能等三个大的领域，情意领域是教育目标的重要组成部分，逐渐成为教育者的共识。

克拉斯沃尔等人将情意领域的教育目标按内化过程分为接受（Receiving）、反应（Responding）、价值化（Valuing）、组织（Organization）、价值的性格化（Characterization by a Value or Value Complex）五个层次，构成了一个由低级到高级的情意发展连续体（参见表6-1）。[4]在这个连续体的最低层次上，学生开始觉察到某一现象或刺激，逐渐愿意接触和了解它，并在众多可选择对象中有选择性地特别留意它；接下来，学生愿意接触的情感开始表现在行为反应上，自愿地，甚至热情地参与相关活动；再接下去，学生已经看到这种事物或现象的有价值之处，在有关行为反应上表现出一定的坚定性；当学生不断内化多种价值观后，开始思考各种价值之间的相互关系，区分核心价值和一般价值，形成价值体系；最后，学生将各种价值、信念和态度组织在一个和谐的系统中，构成一个整体的哲学或世界观。[5](486)

表6-1 克拉斯沃尔等人对情意领域目标的分类

层　次	亚　类	解　释	举　例
1 接受（Receiving）	1.1 觉察（Awareness） 1.2 愿意接受（Willingness to Receive） 1.3 有控制或有选择的注意（Controlled or Selected Attention）	学生觉察到某种现象或刺激的存在，开始愿意接触、了解、探究这种现象或刺激。	·希望有更多的时间阅读。 ·愿意花时间做数学题。 ·感觉经过设计的图案很有吸引力。

续 表

层 次	亚 类	解 释	举 例
2 反应 (Responding)	2.1 默认的反应 (Acquiescence in Responding) 2.2 愿意的反应 (Willingness to Respond) 2.3 满意的反应 (Satisfaction in Response)	学生"接受"的情感开始体现在行动反应上，一开始是顺从（不反对和抵制），接下来主动参与相关活动，最后是带着积极愉悦的心情积极参与其中。	·按要求完成教师布置的任务。 ·自愿参与阅读和讨论，了解当前国际政治、经济和社会事务中的有意义议题。 ·在与不同的人交往中体验到快乐。
3 价值化 (Valuing)	3.1 价值的接受 (Acceptance of Value) 3.2 对某一价值的偏爱 (Preference for a Value) 3.3 信奉 (Commitment)	学生已经认识到某种事物或现象的有价值之处，接受和信奉某种价值观，在有关行为反应上表现出一定的坚定性。	·喜欢某种音乐作品，经常向朋友推荐。 ·花很多时间集中研究某个问题。 ·积极参与摄影社团的各种活动。
4 组织 (Organization)	4.1 价值的概念化 (Conceptualization of a Value) 4.2 价值体系的组织 (Organization of a Value System)	学生开始思考各种价值之间的相互关系，区分核心价值和一般价值，并逐渐形成价值体系。这个体系是逐渐形成的，具有开放性，会随着新价值观的吸收而变化。	·愿意就演奏质量与听过相同曲目的人交换看法。 ·对保护自然资源和生态环境的社会责任做出判断。 ·有条理地阐述数学在生活中的重要性。
5 价值的性格化 (Characterization by a Value or Value Complex)	5.1 一般性定向 (Generalized Set) 5.2 性格化 (Characterization)	学生按照业已内化的价值观行事，并将各种价值、信念和态度组织在一个和谐的系统中，构成一个整体的哲学或世界观。	·根据某种规则评判、反思和修正自己的行为。 ·根据民主和公平的原则制定社团活动规则。 ·养成健康的生活态度和方式。

尽管克拉斯沃尔等人的情意领域目标分类体系已经发表50多年，但它对当前中小学教师确定情意目标和开展情意评价仍然具有重要的参考价值。情意的发展是一个渐进的过程。教师要根据学生的前期基础和年龄特点确定情意领域的教学目标，以学定教，使情意目标落在学生的最近发展区。比如，同样是发展阅读兴趣，低年级学生的目标可以是"主动阅读课外读物"，而高年级学生的目标则需提高层次，"克服困难，挤出时间阅读经典文学作品，并经常就阅读过的作品发表个人见解和参与有关讨论"。

情意目标的表述

不难发现，情意领域的目标与认知目标不是相互割裂的，它们之间紧密联系和相互支持。克拉斯沃尔等指出，"每个情意行为都有某种性质的认知行为与其对应，反过来也是如此。一个领域的某一目标可以在对应领域内找到其对应者"。[5](485) 比如，语文教师在某单元教学中确定的认知目标是，"学生能写简短的议论文表达自己对某事务的看法"。学生写出简短的议论文，不仅取决于他的认知能力，而且还受到很多情意因素的影响。他是否愿意用议论文体表达自己对某事务的看法，是否相信自己的语言文字能最终影响他人，这些情意因素在很大程度上影响认知目标的达成，应融合在教学目标中。反过来，如果语文教师在另一个单元教学中确定的情意目标是，"学生主动阅读中国古典名著，与他人进行讨论"，这一情意目标的实现也有赖于学生的认知能力，学生具有相应的阅读能力，能对古典名著提出评论意见，能用语言清晰表达自己的想法，也应融合在教学目标中。

这启示我们，情意目标与认知目标，以及动作技能目标不是截然分开的，它们经常融合起来体现在学生的行为中。所以，无论是单元教学，还是一节课的教学，教师在界定目标时不一定要严格按照认知、情意和动作技能分类体系，或者按我国新课程提出的"知识与技能"、"过程与方法"、"情感态度和价值观"分类体系分别表述，必要时可以将各种目标整合起来表述。

与认知目标表述的要求一致，情意目标的表述也必须清晰、具体、可操作。只有这样，目标才具有导向作用，才能让教师知道该教什么及怎么教，让学生知道该学什么及怎么学，而且为后续的形成性评价和终结性评价提供依据。但是，许多教师发现，用操作化语言表述情意目标比表述认知目标更困难。"形成对文言文学习的兴趣"、"形成严谨务实的态度"、"崇尚公平和公正"，类似表述都不够操作化。要清晰表述情意目标，必须使用与情意相关的行为动词，比如，"接触"、"支持"、"留心"、"探索"、"聆听"、"推荐"、"渴望"等等。

美国"八年研究评价委员会"制定"文学作品鉴赏"课程教学目标的经验值得借鉴。这个委员会选择了他们认为十分重要、与鉴赏有关的七种情感成分，然后用操作化语言予以界定，如下。[5](481-483)

1 对所鉴赏作品感到满足。
    1.1 向其他人或独自大声朗读自己认为极感兴趣的章节。
    1.2 毫不停顿地或只是偶尔中断地通读全文。
    1.3 花相当长时间阅读。
2 对所鉴赏作品有更多接触的愿望。
    2.1 要求其他人推荐与所鉴赏作品类似的读物。
    2.2 一读完原作品就尽可能开始阅读类似读物。
    2.3 连续阅读同一作者的各种著作、剧本或诗歌。
3 有更进一步了解所鉴赏作品的愿望。
    3.1 向其他人打听已读作品的有关信息或信息来源。
    3.2 阅读传记、历史、评论等补充读物。
    3.3 出席文艺评论研讨会。
4 有创造地表达自己的愿望。
    4.1 写出或至少努力写出大致模仿鉴赏作品中一个创新性句子的完整句。
    4.2 撰写评论。
    4.3 对读到的东西，用图表、形象、音乐或戏剧等形式予以解说。
5 认同所鉴赏的作品。
    5.1 把作品中的人物、地点、情境、事件等看作真实的，至少在阅读时是这样的。

5.2 正式或非正式地表演各个段落。

5.3 自觉或不自觉地模仿故事中各种人物的言谈、举止。

6 就所鉴赏作品涉及的人生问题阐明自己思想的愿望。

6.1 试图通过书面或口头方式，就作品涉及的人生问题表述自己的想法、感受和知识。

6.2 检查其他信息来源以更多地了解这些问题。

6.3 阅读涉及类似问题的其他作品。

7 评价所鉴赏作品的愿望。

7.1 以书面或口头方式指出自己认为一部优秀作品应具备的成分。

7.2 解释如何改进某些不受欢迎的成分（如果有的话）。

7.3 考查已发表的评论。

在表述情意目标时，教师们可以借鉴"八年研究评价委员会"的经验，先厘清某一情意变量所包含的重要成分，然后逐级分解，最后将其用行为动词描述为具体的目标。操作化界定情意目标，并用清晰的语言表述出来，是教育教学工作的基础。少了这一步，有效教学和评价都无从谈起。

情意评价的重要意义

重视情意领域的评价，不仅是因为情感态度与价值观本身作为非智力因素，是学生全面发展的重要侧面，对学生的可持续发展以及素质教育的深入开展具有深远意义，还因为情意领域的评价可以和其他领域的评价一样，在教学实践中发挥着导向、监督、诊断和改进等多重功能。

促进学生可持续发展

情意领域主要包括兴趣、动机、情感、态度、价值观等变量，与非智力因素存在很多重叠交叉的地方。非智力因素概念最早由美国心理学家亚历山大（M. P. Alexander）提出，他在一篇讨论智力的文章中指出，兴趣、坚持性和成功愿望等非智力因素会直接影响个体的智力表现。后来，一些心理学家用非智力因素指代智力因素之外的各种心理因素，这是广义的非智力因素概念。随着有关研究的深入，人们又提出狭义的非智力因素概念，用非智力因素专门指需要、动机、兴趣、情感、抱负水平、自我意识、价值观等情意变量。[6]

这些情意变量相互联系，相互促进，构成了一个动力支持系统，对智力发展起到始动、定向、维持和调节等多种作用，在个体发展中扮演着相当重要的角色。如果教师在教育实践中片面强调认知发展，忽视非智力因素的培养，势必使学生发展失去动力系统的支持，不可持续。只有教育者平衡智力与非智力因素，在重视认知发展的同时加强情意培养与评价，才能有效促进学生全面、均衡与可持续发展。

有利于教学改进

既然学生发展是认知因素和情意因素共同作用的结果，那么中小学教师不仅要将情感态度与价值观的培养有机地渗透到整个教学过程之中，还要重视情感态度与价值观的评价，使情意的培养与评价工作有机结合起来。教师可在教学过程中动态、灵活地开展形成性评价，以及时了解学生的情意状态，诊断学生情意发展中存在的优势和不足，揭示学生学习困难的深层原因，并在此基础上有针对性地改进教师的教与学生的学。

很多时候，教师将学生成绩不理想的原因简单归咎于学生能力欠佳或不够努力，但实际上，影响学生学业表现的因素复杂多样，通常情意因素在其中发挥重要作用。同样是某一学科学习不好，有的学生是因为对这一学科本身不感兴趣，有的学生是因为不喜欢上课的老师，有的学生是因为对自己的学习缺乏信心，不一而足。只有教师通过正式和非正式的情意评价，发现学生情意领域中的问题，才能"对症下药"。当学生对学科产生浓厚的兴趣、对学习抱有高期望和信心、愿意在真实情境中探究有关问题时，其学习投入会不断增强，学习效率也会因此而有所提升。有效的情意评价将强有力地带动学生在各个领域的全面发展。

监督教育教学的质量

我国新颁布的各学科课程标准都在课程目标部分明确提出了情意领域的具体要求，比如，"了解数学的价值，提高学习数学的兴趣，增强学好数学的信心，养成良好的学习习惯，具有初步的创新意识和科学态度"，[7](8) "保持对自然现象的好奇心和求知欲，养成与自然界和谐相处的生活态度"，[8](10) "能在英语交流中注意并理解他人的情感"。[9](20) 课程标准是国家关于基础教育课程的规范性文件，它描述了学生在经过某一学段之后应达成的学习结果，是衡量教育教学质量的准绳。无论是外部评价，还是学校内部的评价，都必须严格依据课程标准的有关规定，既重视认知领域目标的评价，又要高度关注并采用科学合理的方式实施情意评价。

如果在评价中发现某所学校或某个地区学生在情意表现上存在较为突出的问题,应给以警示。英国教育标准局(Office for Standards in Education,现已更名为the Office for Standards in Education, Children's Services and Skills,英文简称均为Ofsted)的经验十分典型。[10] Ofsted在学校视导评价中强调"每个孩子都重要"的理念,从七个方面评价学生表现:(1)学生的成就水平及学生喜爱学习的程度;(2)学生感觉到安全的程度;(3)学生的行为表现;(4)学生采用健康生活方式的程度;(5)学生对学校及社区做出贡献的程度;(6)学生为了未来能有经济保障发展工作技能的程度;(7)学生在精神、道德、生活和文化等方面的发展程度。不难发现,英国对学生发展的关注不是局限于学业成就水平,而是涵盖了情意发展,关心学生的全面发展。更值得一提的是,Ofsted在2009年学校视导框架中明确规定,学生表现的第一个指标"成就水平及喜爱学习的程度"具有"一票否决"式的地位,如果某所学校在这个指标上被评为不合格,那么学校的整体效能也就被评为不合格。[11](13) 学生不喜爱学校,学校将被警示和要求整改。

在我国,中小学生学业负担一直居高不下,素质教育的推行面临很大挑战,各地市有必要借鉴英国经验,在教育质量监测项目或学校督导评价中加强对学生情意表现的外部评价,各学校也要主动关注学生的情意表现。只有这样,才能全面、有效地考查课程标准的落实情况,监督学校和教师的教学质量,引导教育者全面育人和全员育人,促进全体学生全面、可持续发展。

常用的情意评价方法

应该说，多数教育者已在观念上认识到情意培养和评价的重要意义，但在教学实践中忽视情意目标的情况仍然比较普遍，积极开展情意评价的教师也不是很多，主要是因为情感态度与价值观都是一些触摸不到的东西，要想客观地评价它们并不是一件容易的事。

一般来说，情意评价多采用访谈、问卷等自我报告的方式，要求学生说出他们关于兴趣、态度、价值观等情意因素的想法和感受，这就可能使评价受到学生诚实回答的意愿、社会称许效应[①]，以及外在情境等方面的消极影响。但即便如此，我们还是要设法克服这些困难，寻找既科学有效又简便易行的评价策略，以切实推动情感态度与价值观评价实践的发展。借鉴教育心理学、社会心理学、心理测量学，乃至情绪心理学等相关领域的研究成果，结合中小学教育实践，我们建议任课教师可以采用如下几种方法实施情意评价。[12]

观　察

教学是师生互动、对话和交往的过程，所以教师每一天都可以在师生互动的过程中观察学生的各种表现。在自然教学情境下对学生进行持续观察，特别是有目的的观察，比单纯使用问卷法或访谈法，能收集更加真实、丰富和有用的信息，能对学生的情意表现形成更准确的推断。

---

① 社会称许效应，即人们会根据社会所称许的行为标准做出反应。

观察法简便易行。教师从见到学生的那一刻起，就可以启动观察。学生见了教师是否主动打招呼？见了同学是否主动与他人交谈？他们交谈的话题是什么？家庭作业完成没有？按时提交家庭作业了吗？上课时学生眼睛在看教师，还是在低头走神？主动回答老师的提问吗？主动参与小组讨论吗？在小组中是否愿意倾听他人观点？当与别人意见不一致时是大声争辩还是不知所措？下课了会不会就某些问题与同伴讨论？是否参加社团活动？一整天的情绪怎么样？……只要教师留心观察反映学生情意的相关行为，就可以对学生的情感、态度，乃至价值观形成较为清晰的认识。

为了增加情意评价的准确性，教师最好带着比较明确的目的进行观察，并系统地记录观察到的资料。观察记录可以采用核查表、频次记录表、等级评定记录表或轶事记录法进行。

核查表的设计和使用都比较简单。教师先确定要观察什么情意行为或事件，然后在观察过程中或观察结束后在核查表上记录该行为是否发生。如果发生，在观察到的行为上画√即可。表6-2是我们设计的一份小学生学习行为核查表，教师可以观察某个学生的课前准备和课上表现，据此评价其学习的兴趣、态度和习惯。如果观察发现，某个学生从周一到周五的核查表得分持续上升，但在举手发言方面仍然表现不足，那么教师就知道该如何建立个别性改进计划。

将核查表稍加转化，就可以形成频次记录表或等级记录表。在频次记录表中，教师可以记录和统计学生在一定周期内（比如一周内）某种行为发生的频率。在等级记录表中，教师可以基于观察对学生表现进行等级评定。

表 6-2 小学生学习行为核查表

观察对象：_____　　　记录教师：_____　　　记录时间：第____周

星期一

课前准备
- ☐ 按时交头天作业
- ☐ 课本摆放在桌子右上角
- ☐ 文具备齐
- ☐ 安静等老师上课

课上表现
- ☐ 倾听
- ☐ 举手发言
- ☐ 快速完成随堂练习
- ☐ 主动与同伴交流

星期二

课前准备
- ☐ 按时交头天作业
- ☐ 课本摆放在桌子右上角
- ☐ 文具备齐
- ☐ 安静等老师上课

课上表现
- ☐ 倾听
- ☐ 举手发言
- ☐ 快速完成随堂练习
- ☐ 主动与同伴交流

星期三

课前准备
- ☐ 按时交头天作业
- ☐ 课本摆放在桌子右上角
- ☐ 文具备齐
- ☐ 安静等老师上课

课上表现
- ☐ 倾听
- ☐ 举手发言
- ☐ 快速完成随堂练习
- ☐ 主动与同伴交流

星期四

课前准备
- ☐ 按时交头天作业
- ☐ 课本摆放在桌子右上角
- ☐ 文具备齐
- ☐ 安静等老师上课

课上表现
- ☐ 倾听
- ☐ 举手发言
- ☐ 快速完成随堂练习
- ☐ 主动与同伴交流

星期五

课前准备
- ☐ 按时交头天作业
- ☐ 课本摆放在桌子右上角
- ☐ 文具备齐
- ☐ 安静等老师上课

课上表现
- ☐ 倾听
- ☐ 举手发言
- ☐ 快速完成随堂练习
- ☐ 主动与同伴交流

一周总结

表　现

建　议

表 6-3 是我们编制的一份初中生数学学习动机表现评价表。需要注意的是，等级评定必须基于客观的观察，不可以仅凭教师的主观印象。教师在

评定中还要注意克服宽大效应①或晕轮效应②，使观察和评定反映学生的实际表现。

表 6-3 中学生数学学习动机表现评价表

观察对象：_____　　记录教师：_____　　时间：第____周

	糟糕	较差	一般	较好	良好
专心听讲	1	2	3	4	5
举手发言	1	2	3	4	5
主动参与小组探究	1	2	3	4	5
主动找老师答疑	1	2	3	4	5
按时完成家庭作业	1	2	3	4	5
做课外补充练习	1	2	3	4	5

此外，教师还可以在观察中使用轶事记录法。这种方法要求教师对反映学生某种特定情意表现的事件做简短的描述，事件发生在什么时间、什么地点、谁在场、情境、起因、经过和结果等有关信息都可以记录下来。从一件轶事来评价学生的情意表现，其效度往往难以保证，但当经过日积月累，教师将多个轶事整合起来，就可以比较准确地评价学生的某种情意表现。

访　谈

师生之间的沟通和访谈是评价学生各种情意表现的有效方法。教师可以从与学生进行的个别访谈、团体座谈、公开讨论，或者偶尔的闲谈中了解他们的兴趣、态度、情感或价值观。这种方法让教师不仅可以了解学生的想法，

---

① 宽大效应：一般说来，当一个人对他人的积极肯定估计高于消极否定估计，表现在主观评定中，评价者给被评价者的评分通常高于其实际水平，这种心理倾向叫宽大效应。

② 晕轮效应：指当评价者对被评价者的某种特征形成好或坏的印象后，他还倾向于据此推论该人在其他方面的表现。它有两种情况：一是以好概差，某一方面表现好给人留下深刻印象的被评价者，评价者会对他的其他方面也给以好的评价，所谓爱屋及乌，一俊遮百丑；二是以差概好，对印象不好的被评价者，即使其他方面实际表现不错也给以差评，所谓厌恶和尚，恨及袈裟。

而且可以观察到学生的姿势、表情、声调，从而更为深入地评价学生的情意表现。但值得注意的是，想要通过访谈有效了解学生的真实情意状态，教师要先得到学生的信任，要保持温暖、积极倾听的态度，要在访谈前准备大量清晰、简要的开放性问题，使学生大胆、充分地表露自己的想法。必要时，教师还要设计好访谈提纲和摘要记录表，使访谈结构化。比如，教师要了解11年级学生英语学习的兴趣和动机，对两个班20名成绩不理想学生进行访谈，由于访谈人数较多，为便于记录和后续分析，可采用基本一致的访谈问题，并采用统一的摘要记录表，如表6-4。

表6-4　学生英语学习动机访谈记录表

学生姓名：_____　　访谈教师：_____　　访谈日期：_____

1. 你喜欢学英语的程度如何？

　　1　　2　　3　　4　　5　　6　　7

　非常不喜欢　　　　一般　　　　非常喜欢

2. 为什么？

　A. 教师　　　　B. 班级　　　　C. 难度　　　　D. 压力

　E. 文化差异　　F. 成就感　　　G. _____

3. 你在英语学习中最不满意或最难过的事情是？

　时间：

　地点：

　事件：

4. 哪些改变会使你更爱学习英语？

　A. 教师　　　　B. 教学　　　　C. 作业　　　　D. 班级

　E. 同伴　　　　F. 家长　　　　G. _____

5. 你下一阶段想如何学习英语？

　A. 计划1：_____

　B. 计划2：_____

　C. 计划3：_____

里克特量表

里克特问卷是测量态度的最常用的方法之一，目前也广泛应用于情意领域其他因素的评价，如兴趣、动机、价值观。这种问卷通常提供若干个有关陈述，要求学生根据自己的真实情况和感受，表示其同意的程度。比如，学生先阅读这样一个陈述，"在全部同学面前发言对于我来说很轻松"，然后从备选的五个答案（1—非常不同意、2—不同意、3——般、4—同意、5—非常同意）中选择一个。

里克特量表的编制比较复杂，但并不难学。其编制过程与编制测验有很多相似之处，一般要遵循以下几个步骤。[13] (177-178)

第一，选择要评价的情意变量。兴趣与动机不一样，内部动机与外部动机也不一样，评价不同的情意变量，要编制的题目自然也会不同。所以，教师首先需要确定自己要评价的情意变量是什么。有时候教师关心的不是一个特定的情意变量，而是多个变量的组合，比如，教师想了解学生是否愿意学习某个学科，这时他需要评价的是兴趣、动机、效能感等多个变量的综合，他需要将评价范围大致界定清楚。

第二，编写一系列与这一情感变量相关的正向陈述和反向陈述。如果要评价5年级学生的数学学习兴趣，我们可以编写如下类似的陈述，如，"我认为数学是有用的"，"我喜欢上数学课外兴趣班"，"我期待下一次数学课"，"学习数学很有趣"，"我喜欢在数学课上发言"，"我上数学课就想打瞌睡"，"我喜欢我的数学老师"。在编写里克特量表的初期，可以多编写一些可用的陈述，因为后面的项目分析环节可能会删减个别题目。

第三，找几个同事确定每一个陈述是积极的还是消极的。积极题目和消极题目的记分方法是相反的，所以必须分清楚。找多个同事背靠背读题然后做区分，如果不同人对某一题的分类是不同的，且经过沟通难以达成一致意见，就说明这道题在理解上存在歧义，应予剔除。

第四，确定每一个陈述的反应选项有几个及如何措辞。选项个数不同影响很大。选项个数是单数，如3个，分别是1—不同意，2——般，3—同意，学生可能更多选择中间一个，容易出现趋中效应，使题目区分度降低。如果选项个数是偶数个，比如4个，分别是1—非常不同意，2—有些不同意，3—有些同意，4—非常同意，学生就必须从同意或不同意两种意见中做出选择，更容易看出学生的立场。选项的措辞也需要思考。常见选项措辞用同意程度来表示，有些时候也用符合程度表示。

第五，编写指导语。指导语要向学生说明问卷的目的，告诉学生如何填答。如果学生年龄较小，还要考虑给学生举例说明答题方式。指导语要有亲和力，如果过于严肃，容易让学生感到不舒服。

比如，同一份评价5年级学生数学学习兴趣的量表，甲教师写的指导语是："同学们，学习兴趣对学习来说十分重要。这份量表想评价下你的数学学习兴趣，以便老师们更好地指导你的学习，请根据实际情况报告你同意以下陈述的程度。"乙教师写的指导语采用了最近比较流行的淘宝体，"亲，你喜欢学数学吗？我在下面列举了几个有关句子，请你根据真实感受说说你同意的程度，在相应选项上画√。本问卷为匿名问卷，请放心填写（⊙o⊙)啊！"相对而言，乙教师写的指导语会更受欢迎，学生更可能报告真实想法。

第六，对量表进行试用和修订。量表正式使用前都要经过试用。试测的对象不用很多。如果是非正式评价，找三五个学生即可；如果是大规模的正式评价，则要找30~200个学生组成的有代表性的样本团体进行施测。施测中需重点关注的问题有：（1）学生能否读懂题目？（2）题目表述是否有歧义？（3）是否有些题目难以填答？（4）是否涉及学生隐私或给学生带来情绪困扰？（5）学生需要多少填答时间？是否在合理范围之内？（6）题目区分度如何？是否存在趋中效应[①]或天花板效应[②]？（7）量表排版是否美观大方？如果在上述某个方面存在问题，就需要对量表进行修订和完善。

如果教师实在很忙，没有时间一步一步编制里克特量表，那么教师也可以选择他人已经开发出来的成熟量表。选择成熟量表还有一个好处，就是教

---

① 趋中效应：指评价者在评价时避免使用极值（最大值或最小值），大多数取中间等级的倾向。

② 天花板效应：在心理学实验中，人们把因变量水平趋于完美，接近于量表最高分的现象叫天花板效应。而在里克特量表测量中，如果大多数被试选择最高等级选项（如非常同意），也叫天花板效应。

师可以将所测学生的数据与常模数据做对比，以更好地评价学生们的表现。

句子完成法

句子完成法通常提供一些不完整的句子，如，"我觉得写作文……"，"一想起语文教师，我首先想到的动物是……"，要求学生进行填补。在这种情况下，学生会不自觉地将其内部情感、态度、需要、价值观等情意因素投射到反应之中。这种情意评价的方法实施起来很简便，不需要什么特殊的训练，但在结果解释时要谨慎，一般要结合其他评价方法获得的信息，才能做出比较合理的推论。

实际上，可以用于情感态度与价值观评价的方法还有不少。比如强迫选择法，要求学生从分别代表两种不同特质（如学科）的叙述中，选出喜欢的一个，以评价学生的兴趣；再如等级排序法，通过让学生按选择顺序排列代表不同价值系统的陈述，以评价学生的价值观。值得注意的是，情意评价的方法是一把"双刃剑"，任何一种方法都有其优势和局限，如果使用不当都可能会带来消极的后果。教师在情意评价实践中要根据实际情况，谨慎选用合适的评价方法及其组合，使情意评价真正发挥其应有的作用。

学习情感评价：一个实例分析

相对认知评价而言，很多教师会对情意领域的评价比较陌生。即便我们已经介绍了情意评价的常用方法，有些教师仍觉得摸不着头脑。所以，我们提供了一个实例，让大家深入了解情意评价，以形成直观的印象。

学习情感评价量表

人的心理活动都带有一定的情绪情感。学生在一定情感状态下接受或发起学习任务，从事学习活动。学习情感不但直接影响认知的过程及其结果，而且对学生个性的和谐发展也具有重要影响。[14]教师在教学实践中要关注学生的学习情感，通过评价及时发现学生的优势与不足，为工作改进提供依据。我们在指导学校改进教学的过程中编制了一份适用于4~6年级学生的学习情感量表（表6-5）。量表采用里克特形式，用5点记分，让学生报告同意相关陈述的程度。

量表实施中的匿名处理

采用问卷法让学生报告自己的情意表现，通常会遭遇社会称许效应，特别是如果学生认为自己的报告会被追踪，认为教师会根据自己报告的情况对自己进行评分或干预，学生不如实作答的可能性就会增加。为了克服社会称许效应，我们在评价学生学习情感时采用匿名强化程序。

表6–5　学习情感量表（4~6年级）

指导语：同学，你好！以下提供了一些有关学习感受的陈述，其中有的陈述是肯定句，有的是否定句，请你说说你同意这些陈述的程度，在相应的选项上画√。答案没有对错之分，所以请根据真实感受回答。本问卷为匿名问卷，请不要在问卷上写你的名字。

下面是答题方法示例：

	非常不同意	比较不同意	一般	比较同意	非常同意
1. 我喜欢看电影。	□	□	□	□	□
2. 我不爱吃甜食。	□	□	□	□	□

答完所有题目之后，请你把问卷放到信封里并封好口，交给班里的学习委员，由他统一交给专门负责本次调查的李老师。

年级：□4年级　　□5年级　　□6年级

性别：□男生　　□女生

	非常不同意	比较不同意	一般	比较同意	非常同意
1. 我喜欢学校。	□	□	□	□	□
2. 在学校里我很开心。	□	□	□	□	□
3. 老师对我很友善。	□	□	□	□	□
4. 老师对学生不公平。	□	□	□	□	□
5. 我和同学相处融洽。	□	□	□	□	□
6. 在学校里我朋友不多。	□	□	□	□	□
7. 我不喜欢上数学课。	□	□	□	□	□
8. 学习数学很有趣。	□	□	□	□	□
9. 我喜欢上语文课。	□	□	□	□	□
10. 我上语文课提不起精神。	□	□	□	□	□

感谢你的参与 O(∩_∩)O~!

这一程序中有三个十分重要的具体处理。第一个是指导语强调匿名和如实填写。我们在指导语中指出，"本问卷为匿名问卷，请不要在问卷上写你的名字"，且"答案没有对错之分，所以请根据真实感受回答"。第二个是简化作答方式，只要求学生画√即可，不用写任何文字。如果让学生填写文字，哪怕只有少数几个字，学生就会担心自己的笔迹被教师辨认出来，从而在答卷中不如实作答。第三个是避免收卷过程中无关人员查看问卷。我们在问卷中明确告诉学生，问卷填写完毕他可以自行封好信封口交给一名他们信赖的教师，所以他们不用担心班主任或同学查看他的答卷。这三个处理的核心目的就是让学生知道自己的信息不会有人追踪，可以放心填写。

值得注意的是，有些教师在情意评价中采用欺骗手段让学生填写问卷，这种做法是不妥当的，应避免。比如，有的教师告诉学生是匿名问卷，但回收问卷时按座位顺序回收，回到办公室就很容易对号入座。这种做法不仅在一定意义上侵犯了学生的隐私权，而且做法本身也是不科学的，因为仅凭问卷中学生自我报告的信息就评判学生个人的学习情感，其效度不是很理想。采用匿名化处理，且在学生群体水平上评价学生的学习情感，这样所作出的推论才更加准确和有效。

数据的处理

很多教师没有受过规范的研究方法训练，不怎么会数据统计与分析，有的干脆对此"敬而远之"。但是数据处理很重要，我们由此可以发现数据背后隐含的有价值的信息，而且数据处理也不是很难，只要具备中学数学基础就可以胜任常见的统计分析工作。教师可以采用 SPSS 软件处理数据。如果觉得这个软件太专业，有难度，也可以使用 Excel 软件。

处理数据的第一步是重新编码。在学习情感评价问卷中，第 4、6、7、10 题是反向题，需要先将学生的选项重新编码，即 1 换成 5，2 换成 4，3 不变，4 换成 2，5 换成 1。如果使用 SPSS 软件，在主菜单中点击"转换"—"重新编码为不同变量"，接下来在对话框中定义新旧变量及新旧编码转换规则，最后点击"确定"即可。如果使用 Excel 软件，可以针对要重新编码的变量生成一列新的变量，其计算方法是用6减去需要转换的变量数值，在相应的单元格输入公式即可。

第二步便是分数合并，并在此基础上进行描述性统计。学习情感评价量表分了5个维度，分别是喜爱学校、师生关系、同伴关系、数学学习兴趣和语文学习兴趣，每个维度各有两个题目。描述性统计的操作方法在SPSS和Excel中都比较简单，在此不作细致介绍。经过描述性统计，我们就可以知道所有学生在各维度上的表现，也可以深入比较与分析不同亚群体学生（比如男女生，不同年级）的表现。统计结果既可以采用表格形式（如表6-6），也可以采用图表形式（如图6-1）。到底采用表格还是图表，雷达图还是条形图，要根据所要分析的信息的性质来确定。

表6-6 学习情感评价结果描述性统计表

	平均分	标准差	最小值	最大值
语文学习兴趣				
数学学习兴趣				
同伴关系				
师生关系				
喜爱学校				
整体				

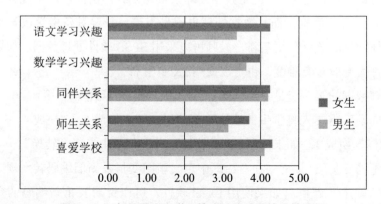

图6-1 5年级男女生学习情感评价结果的比较分析

第三步是较深入的统计分析。如果教师能进行推断统计分析，可以采用T检验或方差分析，比较不同亚群体之间的差异是否达到统计学意义上的显著性水平。如果教师多年都在用同一工具收集数据，可以将不同年份的数据进行纵向比较分析，考查学生经过一段时期学校教育之后学习情感是否有所改进。如果教师同时还收集了其他变量，比如学习成绩、家庭状况，还可以在不同变量之间进行相关分析，探索变量之间的关系，为设计教学改进策略提供依据。

情意评价的改进建议

近些年来，很多学校和教师在评价改革新理念的指导下，就情感态度与价值观的评价开展了许多实践探索，收获了一些有益的经验，也出现了一些亟待改进的重要问题。为了更好地实施情意评价，发挥情意评价的发展性功能，我们提出如下改进建议。

明确情意评价评什么

情意领域有哪些重要的成分？某种特定情意变量的内涵与外延到底是什么？有些中小学教师对此尚未形成清晰、准确的认识。不少人将态度局限于学习态度，将情感片面地理解为学习兴趣，对价值观的理解就更加模糊。这在很大程度上影响了情意评价改革的实践探索。只有帮助教师澄清有关概念，深入理解情意目标，才可能使情意评价有明确的评价内容和具体指标，这是保证情感态度与价值观评价科学有效的前提。

值得注意的是，对中小学生来说，要培养的情意品质有很多，如果在评价实践中构建一个大而全的评价指标体系，势必增加师生的负担，而且可能会影响情意评价的实效。教师可以在全面关注学生情意发展的基础上，选取少数几个具体的情意因素（如学习兴趣、作文效能感、对学科的态度等）开展比较正式的评价和分析。一旦确定了评价的焦点，就要结合有关心理学理论分析，明确所评价情意变量的内部结构和操作性定义，并进而确定评价指标和方法。

克服盲目量化的倾向

在当前的情意评价实践中，比较普遍地存在着盲目量化倾向。有些教师对如何给学生情感态度与价值观评分感到困惑，关心学生在情感态度与价值观方面的得分在综合评价中占多大比重合适；有的学校用单一的情境模拟测试（如故意在楼道里扔垃圾看学生是否在经过时捡起）来评价学生的情感态度与价值观，根据学生的表现给予不同的等级。这些都反映出教师还没有认识到情意变量在性质上的特殊性，没有认识到它们的评价通常是间接性的，难以达成客观、准确的测评。

在教育研究中为了探究某些情意变量的特点及其与其他变量的关系，或者出于大规模教育质量监控的需要，对学生群体的情意表现实施量化评价是可以的。但是，在任课教师的课堂评价中，情意领域的评价不是为了甄别和评定等级，而是为了促进学生的发展和教师的成长，所以有时候不一定非得量化，只需有质性的评价就足够了。教师在情意评价实践中要克服盲目量化的倾向，避免不当量化带来错误甚至有害的评价推论。

尽量与高利害决策脱钩

有些教师在情意评价中青睐量化的分数，主要是因为他们试图通过分数给学生评定等级和排队。情意变量本身内部构成复杂且边界模糊，具有一定的内隐性与随机性，难以准确测评，在个体水平上对它实施量化评价要特别谨慎。如果基于情意评价分数给学生排队，或者根据分数给以不同的奖赏，很可能出现误判现象或对学生构成消极影响。更值得注意的是，一旦情意评价的结果与学生的名誉、分数、奖惩和升学等实际利益联系起来，学生就很可能防御性地在评价者面前掩饰自己的行为，在自我报告过程中不表达真实想法，从而使教师无法客观评价学生的情意表现，而且可能迫使学生变得日益虚伪，学生人际关系也变得更加微妙。

因此，教师在实施情意评价的时候，必须淡化利害关系，尽量与高利害决策脱钩。从这一意义上来看，有些地市在学生综合素质评价中将某些情意变量纳入评价体系，并实施量化评价，还需要深入论证与反思。

参考文献

［1］中华人民共和国教育部.义务教育语文课程标准（2011年版）［S］.北京：北京师范大学出版社，2011.

［2］余文森.新课程需要什么样的教学观念［A］//钟启泉主编.《基础教育课程改革纲要（试行）解读》［C］.上海：华东师范大学出版社，2001：276.

［3］Bloom B. S. et al. Taxonomy of Educational Objectives, Handbook Ⅰ: The Cognitive Domain［M］. New York: D. McKay, 1956.

［4］［美］克拉斯沃尔等.教育目标分类学提纲：情感领域［A］//瞿葆奎主编，陈玉琨、赵永年选编.教育学文集第16卷教育评价［C］.北京：人民教育出版社，1989：401—412.

［5］［美］布卢姆等.教育评价［M］.邱渊等译.上海：华东师范大学出版社，1981.

［6］陈晓荆.非智力因素的结构及其智力因素的关系［J］.福州大学学报（哲学社会科学版），2002（1）：109—111.

［7］中华人民共和国教育部.义务教育数学课程标准（2011年版）［S］.北京：北京师范大学出版社，2011.

［8］中华人民共和国教育部.义务教育初中科学课程标准（2011年版）［S］.北京：北京师范大学出版社，2011.

［9］中华人民共和国教育部.义务教育英语课程标准（2011年版）［S］.北京：北京师范大学出版社，2011.

［10］赵德成.英国学校督导体系变革的特点及其启示［J］.外国教育研究，2011（2）：66—71.

［11］Ofsted. The framework for school inspection in England under section 5 of the Education Act 2005, from September 2009［Z］. London: Ofsted, 2009.

［12］赵德成.新课程实施中的情感、态度与价值观评价［J］.课程教材教法，2003（9）：10—13.

［13］［美］Popham W.J.促进教学的课堂评价［M］.国家基础教育课程改革"促进教师发展与学生成长的评价研究"项目组译.北京：中国轻工业出版社，2003.

［14］蔡敏.小学生数学学习情感评价的研究［J］.教育科学，2010，（1）：26—30.

评价结果报告
第 7 章

多年以前,每个学生都会在学期结束时拿到一份家长通知书,通知书上不仅有学生在各科期末考试中取得的成绩,而且有教师撰写的操行评语。时至今日,课程改革已经实施了一轮又一轮,可评价结果表达与报告的方式似乎没有很大变化。如何在评价结果表达与报告中推陈出新,体现发展性教育评价理念,成为摆在教育者面前的重要课题。

概　览

1.百分制分数是一种常见的评价结果表达方式。但是，百分制分数使用不当，会让学生"分分计较"，增加学生的学习焦虑和心理负担，从而影响学生的学习。

2.等级评定分绝对法和相对法两种，目前在学校中比较常用的是绝对等级评定法。这种方法根据课程标准及教材的要求，结合测验的构成及预估难度，规定学生在测验中得分率（百分制分数）与等级之间的转换办法。

3.为减轻分数和排队带给学生们的心理压力，教育部有关文件明确规定：小学生学习成绩评定应采用等级制；不得将学生的成绩排队和公布。

4.随着新课程的持续推进，我国中小学生的期末评语已经悄然发生了变化，但仍然存在一些亟待关注的问题，主要有：（1）不够全面，通常只从某个侧面或仅就某个事件进行评价；（2）减少了批评和指责，却从一个极端走向另外一个极端，评语中充满了空洞的溢美之词；（3）尚未摆脱千人一面的局面，缺乏个性。

5.评价报告单要明确受众，根据受众的需求进行设计、分析与改进，彰显评价的诊断性、激励性与发展性。

6.很多学校会在期中和期末召开家长会，向家长反馈学生评价结果。要开好家长会，教师需要注意：（1）让家长感觉受尊重；（2）尊重学生及家长的隐私；（3）用成长记录袋展示学生的努力和进步；（4）不推卸教育责任；（5）加强双向沟通。

学业成绩评定

学业成绩评定看上去很简单，但实际上，学业成绩评价结果用百分制分数还是用等级评定分数？学业成绩评定要不要及如何合并平时成绩？学习努力程度、学习态度、进步程度要不要纳入成绩评定系统？很多问题需要教师认真思考和酌定。

百分制分数

百分制分数就是以 100 分为满分计算每个学生学业成绩的方法。这种方法使用起来比较简便。如果教师在一次测验中出了 50 个选择题，只要数一下学生回答正确的题目数，然后除以 50，再乘以 100 即可得到他的百分制分数。这个分数表明了学生的正确作答率或得分率。如果教师编制的测验由多种题型或多个内容领域构成，每个部分的分值各不相同，相当于给每个不同的部分赋以不同的权重，只要将各个部分的分数加权相加就可以得到每个学生的最终得分。

有了百分制分数，可以知道学生在测验中的得分率。分数高的人比分数低的学生更多地正确作答了测验题。由这个百分制分数，教师可以知道谁目标达成得更好或更不好。但必须指出的是，学生学业成就水平具有随机性，分数中含有一定的误差。换而言之，假定一个学生在不同的时间考同一套测验题，学生每次测验的得分不会完全相同；如果用同样评价某一特定领域达标程度的多个平行测验来测同一个学生，学生在不同平行测验上的得分也不会完全相同。因此，如果两个学生在测验上的百分制得分相差不大，教师却判定一个比另一个学习更好，这种推论的准确性是不够的。更重要的是，如果教师经常以百分制分数给学生排队，让学生"分分计较"，会在很大程度上增加学生的学习焦虑和心理负担，从而影响学生的学习。

为了避免不当使用百分制分数带给学生发展的消极影响，教育部于 2002 年颁布的《教育部关于积极推进中小学评价与考试制度改革的通知》（国发［2002］26 号）明确要求，"小学生的学习成绩评定应采用等级制"，"不得将学生的成绩排队、公布"；[1] 于 2005 年颁布的《教育部关于基础教育课程改革实验区初中毕业考试与普通高中招生制度改革的指导意见》（教基［2005］2 号）规定，"各学科应将课程标准的基本要求作为学业考试是否合格的标准"，"应将学业考试成绩以等级方式提供给高中学校"。[2] 百分制分数的使用受到了政策上的限制，而在没有受限的部分，如平时测验，教师如果使用百分制分数，也应谨慎。

等级评定

等级评定就是用字母等级（如 A、B、C、D、E）或数字等级（如 5、4、3、2、1）表示学生学业成绩的方法。等级评定与百分制分数并没有本质上的差别，只是等级评定法最终区分出来的成绩等级数量少，最常见的等级个数是 3~5 个，也有人将一个等级再细分为多个等级，比如将 A 分成 A^{++}、A^+ 和 A，但总体的等级个数还是明显少于百分制分数的等级。等级数量减少，学生和教师就不必"分分计较"，有助于减轻师生负担，改善学生学习体验，从而促进学生健康、和谐地发展。

等级评定的方法有多种。目前在学校中比较常用的是绝对等级评定法。这种方法根据课程标准及教材的要求，结合测验的构成及预估难度，规定学生在测验中得分率（百分制分数）与等级之间的转换办法，如表 7-1 所示。

表 7-1 百分制分数与等级分数之间的转换

	第一种转换方法	第二种转换方法	第三种转换方法
A	90~100	95~100	91~100
B	80~89	85~94	86~90
C	70~79	75~84	81~85
D	60~69	65~74	75~80
E	60 分以下	65 分以下	75 以下

由表 7-1 可见，不同教师在不同测验中采用的百分制分数与等级分数转化系统可以不尽一致，而究竟采用哪种系统更佳，需要根据课程标准、教材和测验难度综合确定。当题目预估难度不大，且学生得分的内部差异较小，采用第三种比第一种要好。转换体系一旦确定，等级就代表了学生达成标准的程度。

假设一位数学教师凭借自己对课标的理解及对测验难度的预估，认为针对这个由特定题目构成的测验，学生只有达到 95 分以上才能得 A，等实际考试完毕如果没有人得分在 95 分以上，那么班里学生就都不能得 A，不能因为学生表现而降低标准。同理，如果这位数学教师还认为，学生如果在这个测验中得分低于 65 分就不能算合格，等实际考完哪怕很多学生得分都低于 65，这些学生也只能被评为 E 等级。在绝对等级评定中，等级的标准是提前确定的，是绝对的，反映了学生达成既定标准的程度，不会因为学生表现而变化。

有些学校和教师在等级评定中采用相对评价的方法。在相对等级评定中，教师通常先根据学生在测验中的原始百分制分数进行排名，然后规定排名靠前的学生得 A 等级，而排名靠后的学生则得 E 等级。比如，某校在期末物理考试中将排名前 15% 的学生确定为 A 等级，接下来的 25% 学生为 B 等级，继续排下去的 45% 学生为 C 等级，再继续排下去的 10% 学生为 D 等级，而排在倒数 5% 的学生被评为 E 等级。又如，《教育部关于普通高中学业水平考试的实施意见》（教基二〔2014〕10 号）规定，"以等级呈现成绩的一般分为五个等级，位次由高到低为 A、B、C、D、E。原则上各省（区、市）各等级人数所占比例依次为：A 等级 15%，B 等级 30%，C 等级 30%，D、E 等级共 25%。E 等级为不合格，具体比例由各省（区、市）根据基本教学质量要求和命题情况等确定。"[3]

相对等级评定可以使我们看到一个学生在群体中的相对位置。比如一个学生在高中学业水平考试中语文得 A 等级，数学得 C 等级，我们就知道这个学生的语文成绩在所有参评学生中排在前 15%，而数学成绩则排在前 45% 至前 75% 之间。这种评定方法的使用有一个前提条件，就是学生在成就测验中的百分制分数分布范围较广，或者说学生分数的内部差异比较大。如果学生分数的全距和标准差都很小，基于等级评定结果的推论出错几率就会增大。

例如，当某校小学 4 年级语文期末考试的最高分为 100 分，最低分为 92 分，平均分为 97.5，标准差为 1.2，依据这样的成绩分布确定相对等级，A 等级与 B、C 等级学生之间的百分制分差很小，由此推论说 A 等级学生语文学得比 B 等级学生好，就很难令人信服。

绝对等级评定和相对等级评定各有其优势和局限性，所以在实践中很多时候人们将两者整合起来使用。教师先根据课程标准和教材要求，结合对测验题目的分析，确定学生在本测验中的最低得分标准，即一个合格的学生最低应该掌握多少知识和技能，最低应该达到的得分率。在这个标准之下，学生就被评为 E 等级或不合格等级，而在这个标准之上再根据学生表现情况区分出若干个相对等级。得分最低标准是学生学习的最低目标，而此标准之上的各个等级则是发展性目标。教师要不断分析与改进自己的教学，争取使所有学生，至少是绝大多数学生能达成最低目标，获得合格等级，同时鼓励和支持学生最大化发展自己，获得更高等级的分数。

分数合并

学生的学业成绩分多个学科，即便是同一学科，也往往由多个内容领域组成，比如，语文考试内容通常包括"识字与写字"、"阅读"、"写作"等多个部分。从专业角度来看，学生成绩是一个顺序量表，各学科或各领域分数不能进行加减计算，也就是说不能合并，只有将原始分数转化成等距的标准分才能予以合并。但由于这种计算比较复杂，而对学生分数进行整体分析又十分必要，因此在实践中人们通常还是将学生的原始分数进行合并处理。

将各学科或各领域原始分数简单相加是最简单的方法，也是比较普遍应用的一种方法。但值得注意的是，这种方法具有一定的局限性，有时候需要采用加权合成方式。

以中学物理学科期末成绩评定为例，学生最终成绩由三个部分构成，分别是期末纸笔考试成绩、实验操作技能考试成绩和平时成绩。三个部分都用百分制分数表示。如果采用简单相加方法，相当于各部分在最终成绩中占据了相同的权重，但一般来说，期末考试作为对学生总体目标达成程度的终结性评价，人们习惯上认为它更重要，要占据更大的权重，所以教师在分数合并前通常先按一定的比例给三个部分赋以权重，然后再进行计算。

权重大小的分配不仅要考虑各部分的重要性，还要分析各部分分数的内部差异。继续以中学物理学科期末成绩评定为例，教师已确定期末考试、实验考试及平时分数的权重分别是 5、3 和 2，但如果进一步分析发现，学生在各部分成绩分布的全距差异很大，其中期末考试全距为 20，实验考试全距为 50，平时分数全距为 10，那么计算一下就会发现，三个部分实际权重分别变成了 10、15 和 2（参见表 7-2），实验考试的实际权重是最大的，学生最终成绩高低实际主要取决于实验技能，而不是期末考试。

表 7-2 物理成绩评定各部分权重分析

组成部分	理论权重	分数全距	实际权重
期末考试	5	20	10
实验考试	3	50	15
平时分数	2	10	2

这时候，有必要将不同部分的分数全距乘以不同的系数使其分数全距相等，从而平衡各部分在最终成绩中的权重（参见表 7-3）。

表 7-3 物理成绩评定中调整后各部分的实际权重

组成部分	理论权重	分数全距	乘以系数使全距相等	调整后的实际权重
期末考试	5	20	2.5	12.5
实验考试	3	50	1	3
平时分数	2	10	5	10

采用调整前和调整后不同的权重系数合并学生的最终物理成绩，结果上存在很大差异，参见表 7-4。比如，张大伟同学期末考试考了 97 分，接近满分，但由于实验考试成绩不佳，如果按理论权重计算，其最终物理成绩为 85.9，不少同学分数比他高；但如果按调整后的权重系数计算，其分数则为

89.8 分，在全班位于前列。在最终成绩评定中是否加权及如何加权，需要教师深入思考和设计。

表 7-4　按不同权重计算的物理最终成绩

	各部分分数			按理论权重计算的最终分数	按调整后权重计算的分数
	期末考试	实验考试	平时分数		
张大伟	97	66	88	85.9	89.8
王晓倩	85	75	87	82.4	84.6
刘　云	91	78	89	86.7	88.7
李清波	89	90	87	88.9	88.3

根据分数排队

在当下，根据分数给学生排队，是一件十分敏感的事情。各级教育行政部门已经意识到这种相对评价所带来的消极后果。排队不仅加大了学生们的心理压力，学生个体间的不当竞争似乎也加剧了。2005 年颁布的《教育部关于基础教育课程改革实验区初中毕业考试与普通高中招生制度改革的指导意见》（教基［2005］2 号）规定，"任何单位和个人不得以任何形式根据（初中毕业生学业水平）考试成绩给地区、学校和学生排队或公布名次"。[2]对于中小学日常评价和期末评价，各级教育行政部门一般也反对给学生排队和公布名次。

但事实上，很多学校给学生排名仍比较普遍。有些教师仅将分数告诉学生本人及其家长，但同时也公布班里成绩分布状况，比如有多少个 100 分，最低分是多少，多少人分数处于 95 至 100 分之间，学生和家长根据这些相关信息很容易推知学生在班里的排名；有些教师在班里公布各科学习成绩排前 10 名的学生姓名；有些教师让学生帮忙分发批阅过的期末试卷，试卷发完了，学生们各得了多少分以及在班里排名的大致情况，也就基本上尽人皆知了；有的中学在将排名信息通知给学生本人的同时，根据学生在年级中的排名以分层教学的名义分班教学，学生在几班上分层课，也就知道他在年级排名的大致范围。很多教师自以为很尊重学生的隐私，也没有违背教育行政部门的有关规定，但其实已经变相公布了学生的名次。

教育行政部门不提倡或反对给学生公开排队，但学生如果仅仅知道自己的绝对分数，不知道自己在班里或年级里的相对位置，有可能造成他对自己的学习程度的误判。尤其是对于面临中考或高考升学的中学生而言，学生将难以分析自己在各科、各领域学习中的优势与不足，也难以合理规划自己的未来学习。怎么办？

美国的经验可资借鉴。美国人强烈反对公布学生分数排名，因为分数及排名都是学生的个人隐私，但必要时教师可在评价报告单中将学生排名信息通知学生本人和家长，其他人则不能接触到有关信息。这种做法得到了法律的有力支持。1974年，美国《家庭教育权力和隐私法》(《巴克利修正案》) 规定：教师不得张贴学生的等级排名；教师不能把学生作品作为好或坏的练习样例予以展示；教师不能允许学生对任何其他学生的作业进行评分或修改；教师不能以任何其他学生可以看到分数的方式发试卷。[4](35)

在我国，既要发挥相对评价的积极作用，又要规避其可能带来的风险，这着实让教师很为难，但也并不是全无办法。我们曾指导多所小学在高年级采用等级评定法报告学生期末成绩，如图7-1所示。在这种结果报告方法中，成绩只报告给学生本人及其家长，任何人都不知道其他同学的成绩；学生成绩没有采用百分制分数，而是采用5等级记分，符合国家有关政策；教师没有给学生排队，但分学科告诉学生本人和家长各个等级在全年级的人数比例，家长可以大致判断学生的相对位置，从而明确学生的优势与不足，更好地规划学生发展。当然，这种方法也不是完美的，更好的方法有待于教师们在实践中不断摸索。

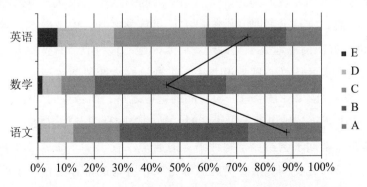

图7-1 某校6年级学生张蔷上学期期末成绩等级评定表

评语写作

在学期末，除了对学生学业成绩进行评定之外，教师通常还要给学生写综合评语，对学生一个学期以来的综合表现进行评价。评语要落实到纸面上，不仅每一个评价意见要有理有据，而且每一句话都要字斟句酌，不能出现错别字，也不能有标点或语法方面的错误，这给本已十分忙碌的教师带来很大的挑战。每到学期末，不少教师都会为给学生撰写综合评语发愁。

美国教师给中国孩子的评语

综合评语应该写些什么？什么样的评语是好评语？如何通过评语切实促进学生的学习与发展？他山之石，可以攻玉。让我们先来看看美国教师写给中国孩子的几则评语。

一个署名端木的家长曾在《中国青年报》上发表题为《中美教师对一个孩子的不同评价》的文章，后来在很多期刊中被转载。该文介绍他女儿斯蒂芬（英文名）在中美两所高中不同的读书经历及中美教师对孩子的不同评价。斯蒂芬在国内一进入高一，就启动了"高考战车"模式，每天都在紧张地学习。到高二文理分科时，她的班主任是数学老师，说她根本"没有数学脑子"，她只好灰溜溜地报了文科班。后来，她的理科成绩一直没有改善，还出现了比较严重的厌学心理。没办法，作者只好将斯蒂芬送到美国马萨诸塞州沙龙中学继续读书。在经过一段时间的适应之后，斯蒂芬的变化令人吃惊，成绩进步很大。等到她申请美国大学时，她的美国高中老师给她写了推荐信。国内老师在每学期末会给孩子写评语，但通常二三十字，都是"该生尊敬师长，团结同学"之类的套话。美国老师给斯蒂芬写的推荐信相当于评语，但与国内老师写的评语大相径庭。以下我们将逐一呈现四位美国教师给斯蒂芬写的推荐信。[5]

法语教师特纳在推荐信中写道:

在过去的5个月中,我很高兴认识斯蒂芬。她去年10月到沙龙高中读书时,我教她法语。法语对她来说是一门全新的课程(她的第二外语),同时她不得不掌握英语(她的第一外语),还要适应新的文化氛围,但所有这些都没有难倒她。

斯蒂芬是个非常聪明的学生。她在沙龙高中的第一周,就问是否可以放学后留下,让我教她以前没有学的功课。令我惊奇的是,斯蒂芬在一个小时内就都学会了。她不时地展示她的语言天赋,在班里成绩最好(从开学第一天起,她的分数没有低于A的)。她对细节和微妙的语法差别有敏锐的目光,能成功地记住新词汇并在文章中创造性地运用。出语轻柔的斯蒂芬能轻松地表达自己的想法。我对她适应困难的法语发音的能力印象非常深刻。斯蒂芬学习勤奋、自觉,总是认真完成作业,以自己的努力和精确超出我的预期。

斯蒂芬是成熟、友好的女孩。她的同学大部分像大一新生,只有她像大四学生。她在小组中做得也不错,我经常看见她给同学讲解难题。另外,我们课下经常交谈,她既和我分享她的经历,又喜欢问我有趣的问题。

我相信,斯蒂芬在大学里会继续在个人学术方面取得进步,获取成功。她是宝贵的财富。我毫无保留地推荐她。

凯瑟琳·M·特纳

数学教师史密斯对斯蒂芬也赞赏有加,她写道:

我很高兴写这封信,并以我的名誉担保,斯蒂芬今年参加了我的初级微积分课程的学习。学习期间,我发现斯蒂芬不仅勤学好问,而且富有同情心。她总是努力、认真地完成作业。她在数学和解决难题方面有显著特长。

斯蒂芬经常以自己优雅而且具有创造性的方式解决难题、完成数学证明。斯蒂芬也常常帮助身边的同学做难题。在校期间,斯蒂芬为了得到问题答案,通常比别人回家晚,有时候她也在学校里帮助别的同学。

同学们尊重她的文静和才智以及她解释问题时的耐心。显然,她在享受着帮助同学的乐趣。有斯蒂芬做学生我很高兴，她在任何校园都会受到珍视。为上述及更多原因，我向贵校推荐斯蒂芬。

特雷西·史密斯

英语教师科林斯愿意"以性命担保"斯蒂芬能适应高水平大学的学业要求，她的推荐信是这样写的：

斯蒂芬从不在没有准备的情况下进行学术辩论。她的准备总是全面而准确。她不喜欢大惊小怪，对每个可能的事件都有预测。有的学生考试时爱靠运气"赢取胜利"获得最佳，但斯蒂芬不这样，她付出的代价是时间和努力，这在她优秀的作业中有所反映。

斯蒂芬不仅仅是学术机器，她对学习感到兴奋。有的学生仅仅是搜集信息，而斯蒂芬在探索智慧。她与困难的概念搏斗；对有挑战性的问题，她不接受简单的答案。她所做的是把不同的想法结合起来，把众多概念放在一起。她不怕在解决难题时碰壁。我很喜欢像她这样有毅力的学生。她能适应高水平的大学学业吗？我以性命担保她行。对此，一秒钟都不应该怀疑！

人格的力量。这就是全部，这就是麦粒和谷壳的区别，这就是斯蒂芬的内在。不自负，不自私，不虚伪，她是积极向上的女孩，能够明辨是非。

斯蒂芬勇于对自己的行为承担责任，当事情不顺利时不找借口。她知道如何自我解嘲，也知道如何关心别人。她不贬低别人，也不利用别人。她尊重人，对人公平、体贴。她具有人格的力量，我就以此来结束我的评价。

约翰·C·科林斯

贝克汉姆作为指导教师除了自己的观察，还逐一征询了斯蒂芬各科老师的意见，全面评价了斯蒂芬的表现：

去年10月的一天，斯蒂芬从中国来到马萨诸塞州沙龙市的沙龙中学，坐在我的办公室里登记注册，成了我们这里的新学生。哇！我无法理解她脑子里会想些什么。第一印象容易给人错误导向，但我很快被这个女孩的沉着、聪慧所震惊，开始关注在她身上会发生什么。

幸运的是，斯蒂芬11岁时曾经在澳大利亚住过一年半，英语表达能力和理解能力都不错。我们开始制订帮助斯蒂芬的学习计划。当天，斯蒂芬表示她的目标是争取和其他高年级学生一样从沙龙中学毕业，然后申请在美国读大学。作为一个在沙龙中学做过37年顾问，接触过来自不同国家的留学生的人，我不得不指出斯蒂芬的目标太高了。但是，她以轻柔却坚定的语气笑着回答："我是高年级学生，想这个学年就毕业。"

斯蒂芬表现得很完美。在我做顾问的经历中，还没有听说过有外国学生比她更快地完成了学术转型。谦虚的斯蒂芬甚至不愿意接受她应得的高分数。数学和其他理科方面的科目对她来说很轻松，遥遥领先于她的同班同学。她喜欢语言，学起法语来是个明星。然而在英语和美国历史方面，她的阅读和写作水平还需要努力。她的所有老师都有共同的想法，"她太不可思议了，请再给我们20个像斯蒂芬这样的学生！"他们一致赞扬她的勤奋、学术好奇心、专心学习和愿意帮助小组中其他同学的行为。平时斯蒂芬在课堂上很安静，但一被叫到回答问题时总是清楚无误，显示出极强的理解力。

我有充足的理由相信，她在美国有竞争力的大学里会非常成功。她的法语老师补充说："尽管这只是初级法语班，但斯蒂芬是迄今为止最好的。她对语言敏感，在一个小时内就能掌握别的同学一个月才能记住的单词。她人也很好，总是耐心地帮助同一小组中落后的、新来的学生按时完成作业，因而他们特别愿意和她在同一小组。毫无疑问，斯蒂芬聪明、专心、勤奋，而且特别有组织纪律性。"

最后，教她初等微积分和三角学的老师这样评价斯蒂芬，"一个优秀的学习数学的学生，拥有极高的数学技能。她的作业总是无可挑剔，很明显，她依靠直觉，有创造性地解决问题。她谦虚、不摆架子、文静，但是她积极主动地伸手帮助同学。她经常放学后来找我，而我在忙着和别的学生交谈时，她就在教室里帮助其他同学"。

斯蒂芬在学业上越来越自信，同时她也开始交朋友，在社交方面开始轻松自如。她爱好运动，希望能参加我们学校的春季田径比赛。她开始意识到自己和沙龙高中的同龄人有许多共同之处。最近，她的父亲问她美国教育和中国教育有什么区别时，她说："老师不一样。美国老师非常亲切、友好。考完试他们进行评论；而在中国，我们只是拿到分数。在中国我们需要死记硬背，而在美国你不得不学习思考，学会表达思想。"

斯蒂芬是个不同寻常的女孩。她独立、灵活，非常善于适应生活中的变化。她以乐观的态度看待将来在大学的学习。尽管她想念父亲、其他亲人和在中国的朋友，但她肯定对大学的挑战有准备。在沙龙高中的极短时间里，她就证明了自己是优秀的学生，是积极进取、善于接受挑战的女孩。

我满怀热情地赞同最具竞争力的大学接纳她。

乔·贝克汉姆

读完这几封美国教师极具个性的推荐信，那个"没有数学脑子"的、只能上文科班的、垂头丧气感到"厌学"的中国女孩不见了，取而代之的是一个看起来正全面获得进步、出类拔萃的斯蒂芬！

美国教师的推荐信的启示

在《中美教师对一个孩子的不同评价》一文中，几位美国教师给斯蒂芬写的推荐信令人耳目一新，隐含于其中的教育理念值得我们学习和借鉴。美国教师的推荐信带给我们很多有益的启示，主要如下。

评语要全面评价学生的发展状况

阶段性评语作为终结性评价的重要手段，一个重要的功能就是对学生一段时期以来的努力、成就、进步，以及问题与不足进行全面、细致的评价。斯蒂芬的几封推荐信都较好地体现了这些特点。比如，法语教师特纳先描述了斯蒂芬法语学习的情况，说斯蒂芬"在班里成绩最好"；接着她对斯蒂芬的社会交往状况进行分析，说斯蒂芬"是成熟、友好的女孩"；最后她又对斯蒂芬未来进入大学后的表现做了预测，预言斯蒂芬"在大学里会继续在个人学术方面取得进步，获取成功"。又如，指导教师贝克汉姆不仅分享他作为导师与斯蒂芬接触的感受，还介绍了他从各科任课教师那里了解来的情况，最后综合各种来源的信息说他满怀热情地赞同最具竞争力的大学接纳斯蒂芬。这样的评语提供了较为全面的信息，使阅读者得以从整体上了解学生学习与发展的状况。

充分发挥综合评语的激励价值

斯蒂芬在国内读高中时,她的老师说她"没有数学脑子"。无论这种评价意见以何种方式传达给孩子,它都会对孩子的自我意识产生不同程度的消极影响。社会学家查尔斯·库利用"镜像自我"来解释这种现象。他指出,"自我知觉的内容,主要是通过与他人的相互作用这面镜子而获得的。通过这面镜子,一个人扮演着他人的角色,并回头看自己"。[6](32)也就是说,自我概念是他人判断的反映,"我"对自己的看法反映着他人对"我"的看法。因此,儿童和青少年的自我概念多半是在与"重要他人"(如父母、兄弟姐妹、其他亲属、邻居、亲朋好友、老师和同学)的交往中通过"镜像自我"而逐渐形成和发展的。斯蒂芬从中国教师这面镜子中看到数学自我是无能的,于是她也就以为自己真的没有数学脑子,对数学学习的信心动摇了,兴趣日益消减,这种情绪逐渐蔓延开去,最终导致了斯蒂芬的厌学。

然而,斯蒂芬到了美国高中读书之后的经历却迥然不同。美国老师们赏识斯蒂芬的成就和进步。在申请大学的推荐信中,教数学的美国老师史密斯称赞她"在数学和解决难题方面有显著特长","经常以自己优雅而且具有创造性的方式解决难题、完成数学证明"。即便是斯蒂芬身上存在的问题,比如她在上课时发言不积极,她的美国老师也会用欣赏的眼光来看待,说平时她"在课堂上很安静"。这种激励与认可使斯蒂芬从镜像中看到了不同的自我,原本厌学的她体验到了胜任感,自我效能感随之提升,学习状态简直就像换了一个人。

美国教师的推荐信具有激励性。我国教师也要在综合评语中认可学生的努力,欣赏学生的进步,给学生提供积极的反馈,以使学生受到足够的激励,感受成功的愉悦,并进而逐渐形成良好的自我概念。

评语要彰显学生个性

让我们做个假设,如果斯蒂芬当时没有到美国读书,而是坚持留在国内读完高中,参加我国的高考,她的高三老师可能会在期末给她写下这样的评语,"该生自进入高中学习以来,尊敬师长,团结同学,热爱劳动,爱护公物，学习认真，成绩良好，是一个德、智、体、美全面发展的好学生"。但美国教师给斯蒂芬写的推荐信不一样，他们的描述有血有肉，具体而生动，充分体现了学生的个性化特点。比如，法语教师特纳在评价斯蒂芬"学习成绩优秀"时说，"她（斯蒂芬）不时地展示她的语言天赋，在班里成绩最好（从开学第一天起，她的分数没有低于A的）。她对细节和微妙的语法差别有敏锐的目光，能成功地记住新词汇并在文章中创造性地运用"。又如，英语教师科林斯在评价斯蒂芬"善于思考"时写道，"有的学生仅仅是搜集信息，而斯蒂芬在探索智慧"，"对有挑战性的问题，她（斯蒂芬）不接受简单的答案。她所做的是把不同的想法结合起来，把众多概念放在一起。她不怕在解决难题时碰壁。"有了这些具体的细节刻画，学生的个性彰显出来，评语所描绘的学生形象也由模糊变得清晰。

我国评语写作中亟待关注的常见问题

评语写作是我国基础教育领域的一个优良传统，许多地市在专门研究的基础上，对中小学教师撰写综合评语提出了明确的要求。比如，山东省教育厅于2004年颁布的《山东省普通高中学生基础素养评价方案（试行）》指出，"评语的撰写，既要善于发现学生的闪光点，充分反映学生的优点和进步，又不回避学生的缺点和问题。对学生优点、进步的描述，既要充分，又不能夸大其词；对学生的缺点或不足，要在具体描述的基础上分析存在的原因，提出改正或改进的建议。评语要具体，反映学生特点，不能千人一面；要亲切、中肯，体现对学生的关爱和健康发展的期盼。"[7]

应该说，在发展性评价理念和有关文件精神的引领下，随着新课程的持续推进，我国中小学生的期末评语已经悄然发生了变化，教师们在全面性、激励性和个性化等方面做了很多改进，但必须承认的是，评语写作实践中仍然存在一些亟待关注的常见问题。

首先，许多评语不够全面，通常只从某个侧面或仅就某个事件进行评价。前文已述，全面性是评语写作的一个基本原则。期末评语既要报告学生的学业表现，又要描绘学生在分数以外各种综合素质（如日常学习、课外活动、社会交往等）的发展状况。但观察发现，不少教师写的评语仅从一两个方面评价学生，"攻其一点，不及其余"。以下呈现的是我们从发表的论文或网络"评语精选"中选择的三则期末评语。

第一则

叽叽喳喳的"小喜鹊"，每次听到你欢快的叫声，总是你又做好事或取得好成绩了，可这次你怎么叫不起来了？记住：虚心使人进步，骄傲使人落后！老师希望你从一只欢快的喜鹊变成一只美丽的"金凤凰"。

第二则

你是班中的一名优秀干部，敢于同不良行为作斗争，使我们班成为勤奋好学、团结向上的班集体。你脑子灵活，性格爽朗，颇有豪气。可你有个"坏朋友"，它常常使你考试时失去得优秀的机会。不过，老师相信你会很快与它绝交，会交上"认真、细心"这个新朋友。你说是吗？这样"成功"也就能成为你的伙伴。老师希望你能成为所有盛开花朵中最绚烂的一朵。

第三则

你是一个朴实的孩子。你脚踏实地、勤奋好学，但是你也要知道学习不是死记硬背，还要讲究方法、技巧。学习上有不懂的问题，不要羞于开口，要多问，多思考，多练习。老师相信；只要你信心不倒，努力不懈，终于有一天会到达成功的彼岸！

以上列举的三则评语对学生的评价都很中肯，指出了学生在学习中的具体问题，并提出殷切的希望。但问题是，第一个学生的家长可能会问，"孩子的学习成绩下降了，是哪一门功课成绩下降了？还是各门功课均有所下降？下降幅度有多大？孩子真的是由于骄傲而导致成绩下降吗？有何表现？这种骄傲情绪是否对孩子其他方面的发展也产生了影响？孩子在音体美课程学习、同伴关系、社会交往等方面表现怎么样？"第二个和第三个学生的家长也会提出很多问题，比如，"孩子的'坏朋友'到底是什么？除了'坏朋友'影响了孩子的学习，还有别的什么因素吗？孩子在学习方法上确有需要改进之处，那么孩子在人际关系、自我意识等方面表现如何呢？"总之，由于三则评语缺乏全面性，给家长及学生本人提供的信息有限，从而妨碍了家校沟通与师生沟通。

学生和家长收到教师的评语，通常希望教师对学生发展做一个比较全面的评价。所以教师在撰写期末评语之前，心中要有一个基本的内容框架，然后参照着它来撰写综合评语。一般而言，期末评语可以从课程学习、课外活动、个人素质、社会关系等几个方面来评价学生。有的地市教育局建议教师从学业表现、道德品质、劳动能力、审美情趣和个性特长等方面来撰写评语，也是一个不错的选择。当然，期末评语在全面评价学生的同时还要避免面面俱到，平均用力，要突出重点，对某个侧面进行重点评价，引导学生和家长对某些侧面重点关注。

其次，有些教师在评语中减少了批评和指责，却从一个极端走向另一个极端，评语中充满了空洞的溢美之词。让我们先来看一位初中教师写给学生的期末评语。这则评语曾被一名媒体记者认为是激励性评语的典型之作，体现了课程改革的新理念。

"气质美如兰，才华阜比仙"。用这句诗形容你真是再合适不过了。你纯洁典雅，满腹经纶，出口成章，是班上公认的小才女。你是李老师的得意门生，更是李老师的诗词好友。让我们共同珍惜一起走过的朝朝暮暮，留一份期待，滋润我们重逢的欣喜。

接下来的这则评语出自一位高中教师，摘自他/她给高三学生写的大学自主招生推荐信：

在她身上，最打动人的不是傲视群芳的才情，不是优秀的成绩，甚至不是出色的领导能力，而是爱心，是对生活、未来、世界、他人，甚至一草一木的热爱。在日益注重利益的今天，她坚守着人类灵魂中最闪光的一方净土。

她热爱生活，对生活充满了美好的想象，充满信心、希望和勇气。在她的眼中，世界是美丽的，生活在这个世界上是幸福的。她享受春花的美丽，秋月的温馨，夏雨的激情，冬雪的坚韧。她感受快乐，也传达快乐。她用一颗敏感、细腻而多情的心，让身边的人像自己一样对生活充满信心。她不断伸出双手给不幸者带来希望，她把自己对生活的理解告诉给每一个生活在黑暗中的人。她为弱者流泪，为强者欢呼，她与人为善，相信送人玫瑰手有余香，她以饱满的激情感染着每一个人，她的爱心使她身边的世界温暖、快乐、平和。

两则评语都在赏识和激励学生，但同时又存在不容忽视的问题。其一，浮夸。看了两则评语，我们不禁要问，生活中真的有"气质美如兰，才华阜比仙"的初中生吗？什么样的高中生才能算是"坚守着人类灵魂中最闪光的一方净土"呢？其二，空洞。第一则评语中的初中生如何出口成章的？有哪些典型表现或关键证据？第二则评语中"生活在黑暗中的人"指的是哪些人或哪个群体？这个高中生是怎样帮助他们的？有没有真实的事例？文中都没有给以具体的描述。其三，缺少真诚。很多心理学家指出，真诚是表扬产生激励价值的前提。当表扬过于热情或过于泛化时会被人认为是不真实的，[8]并且可能使被表扬者难堪，他们甚至会故意降低将来作业中的表现以符合更真实的自我。[9]

可以说，这两则评语具有一定的代表性，类似风格的评语不在少数，到网上搜索一下"优秀评语"，很多都存在这样的问题。教师只有在综合评语中真诚地赏识学生，具体地描述学生的进步，才能让学生感受到激励的力量。

再次，许多教师撰写的学生评语仍然只是一些套话，尚未摆脱千人一面的局面，缺乏个性。宋老师写给一个4年级学生欣怡的评语十分典型，她这样写道：

你学习努力，不仅能在课堂上专心听讲，还能在课后认真完成作业。你团结同学，关心集体，尊敬师长，对老师交给的工作认真负责。希望你能在小干部工作中讲究方法，充分发挥作用。

在学校里，像欣怡这样专心听讲、尊敬师长的学生有很多，教师这样写评语自然不能体现学生个性。有位校长曾经说，"我们这样指导教师，让教师把评语的学生姓名去掉之后，在全班同学面前宣读评语，如果学生们能准确地说出评语写的是谁，就说明这个评语体现了学生的个性"。这个主意不错，但它只是从结果上帮助教师鉴别评语的个性化程度，并没有从过程上指导教师如何写个性化评语。实际上，撰写个性化评语的"诀窍"在于：避免过于笼统的意见，评价要详细具体，要有关键表现或具体事例加以佐证。设想一下，同样是专心听讲，或者同样是尊敬师长，每个学生的关键表现和具体事例一定不一样，如果教师将学生在某一方面的关键表现或重要事件细致地描述出来，评语就会变得生动活泼，富有个性。

照此建议，我们指导宋老师对欣怡的评语进行修改，改成下面这样：

你是一个爱学习的孩子。在课堂上，你总是专心致志地听讲，老师提出问题之后，你认真思考，并且积极举手发言。在小组讨论和交流中，你会倾听别人的想法，也会发表自己的见解。记得那天张老师（数学老师）上公开课讲"小数"，她问生活中会怎样应用小数，同学们都说不出来，而你一口气就讲了身高测量、商品标价和视力测查三个例子。在课后你认真完成作业，书写很工整。老师还要特别表扬你课外阅读的习惯，在课间我们一起谈论《爱的教育》中的卡隆、克莱蒂，谈论《假如给我三天光明》中的海伦·凯勒，我发现你有自己独特的见解。

你是一个懂事的孩子。你热爱班集体，团结同学。在住宿生活中，你像一个大姐姐。宿舍里转来新同学，你教她叠被子，教她整理衣服。生活老师告诉我你经常带着同学们一起做游戏，因为你的点子多。你还关心自己的父母。你的爸爸、妈妈经常出差，你在家里把生活、学习安排得井井有条，从不让他们担心。母亲节、父亲节到了，你给他们做了卡片。你知道吗？他们为你感到骄傲。

尺有所长，寸有所短。为了让你进步得更快，老师也给你提点建议。在担任小干部期间，如果你能站在同学们的角度去思考问题，多理解他人的想法，工作会更好开展，同学们会更喜欢你。

我们不敢说改写后的评语有多么好，正如宋老师在给孩子的评语中说的那样，"尺有所长，寸有所短"，任何人写的评语都不可能十全十美，但毕竟我们从前后对比中看到了更细致的描述，一个有个性的学生形象跃然纸上。

一份实用的评语写作自我核查表

评语既是教师对学生一段时期以来综合表现的终结性评价,又是教师与学生、家长进行深度沟通的重要手段之一。教师在平时要注意观察学生,积累形成性评价资料,在期末时才能写出激励和促进学生发展的好评语。

表 7-5 是我们编写的一份评语写作自我核查表,由 10 条标准构成。教师可对照自己写的评语逐个进行核查,如果达成了标准,在"是"栏画"√";如果尚需改进,在"否"栏画"√"。

表 7-5 评语写作自我核查表

标准	表现	
全 面		
1. 从多个侧面评价学生,而不是只攻一点,不及其余。	是☐	否☐
2. 既评价学生的学习表现,又关注学生在情意、个性、社交等诸方面的情况。	是☐	否☐
激 励		
3. 真诚地认可学生的进步,赏识学生的优点。	是☐	否☐
4. 没有空洞无物的溢美之词。	是☐	否☐
个 性		
5. 既描述学生的优势,又指出不足。	是☐	否☐
6. 为评价观点提供了具体的事例或证据。	是☐	否☐
语 言		
7. 所使用的语言亲切、中肯。	是☐	否☐
8. 所使用的语言通俗易懂。	是☐	否☐
有 效		
9. 评语能促进学生的自我反思和改进。	是☐	否☐
10. 评语能增进家长与教师之间的交流。	是☐	否☐

如果教师在整份核查表中的得分低于 6 分,说明评语需要大幅改进。教师需要针对存在的问题修改评语,改进合格后才能反馈给学生和家长。

评价报告单

评价报告单早已有之，只是在不同时期，或不同地区人们对它的称呼不一样。很多年前，学生在期末拿到的家长通知书其实就是评价报告单。现在，随着素质教育及课程改革的持续推进，评价报告单的称呼开始多样化，比较常见的说法有"素质教育报告单"、"综合素质发展评价报告单"及"学生成长素质评价表"，有些学校也采用"成长记录表"、"我和成功有个约会"等称呼。无论采用何种称呼，其本质和目的都是一样的，就是用书面形式报告学生一段时期以来的综合表现，让学生及家长了解有关情况，以更好地规划学习与发展。

案例分析：一份素质教育报告单

先来看某小学的素质教育报告单，参见表7-6。很多地区和学校使用的评价报告单都在不同程度上与此相似。

表7-6 某校小学生素质教育报告单

项目	学业成绩评定										基础性发展评定	出勤统计	项目	天（节）数
	语文	数学	英语	品社或品生	科学	体育	音乐	美术	综合实践	地方课程	校本课程	其他			事假	
															病假	
等级															旷课	
综合评语						班主任_____（盖章） ____年____月____日							家长反馈	家长_____ __年__月__日		

212　促进教学的测验与评价

采用这样的素质教育报告单,期末时,班主任教师会给每个学生登录各学科成绩及出勤统计数据,然后撰写综合评语,发给学生及家长。与较早时期的家长通知书相比,这份评价报告单响应了有关文件精神,将原有的百分制分数改为等级评定,淡化了分数、评比和选拔,在一定程度上减轻了学生的学习负担。

但进一步深入分析,我们会发现这种报告单还存在一些亟待改进的问题,主要包括:

首先,基础性发展评定过于笼统。这里的基础性发展指标基本上与《教育部关于积极推进中小学评价与考试制度改革的通知》(国发[2002]26号)中的基础性发展目标相对应,主要包括道德品质、公民素养、学习能力、交流与合作能力、运动与健康、审美与表现等多个方面。但家长对"基础性发展"指的是什么可能不甚了了,即便是教师可能也说不清楚。对于这样大的内容范围,笼而统之地给一个等级评定,似乎有些不妥。

其次,学业成绩评定采用优、良、中、差四个等级评分,不够细致。采用百分制分数容易造成师生分分计较,但如果走向另外一个极端,对学生成绩不作区分,显然也是不合适的。在本评价报告单中,学生的学业成绩原始分只要能达到或超过90分就可评为"优"等级,可在有些学校,学生基础好,教师教学能力突出,加之考试难度不大,几乎所有学生都能得"优"。试想,一位家长每学期看到子女在各学科上的成绩都是"优",欣喜的同时一定也会有疑问:孩子在学业学习上不可能齐头并进,究竟他/她的优势与不足分别是什么?哪些方面需要家长给以更多关注和支持?同样是"优",100分"优"与92分"优"存在较大差异,孩子的"优"究竟是怎样的"优"呢?如果学校将等级适当细化,比如将"优"进一步区分为"优$^+$"和"优"两个等级,就可以使家长获得的信息更细致,更丰富。

再次,对学生在主要学科上的表现评定不够深入。学生在各个学科上的学业表现,实际上由多个方面构成。比如,语文一般由"识字与写字"、"阅读"、"写作"、"口语交际"和"综合学习"等方面构成;又如,科学主要考查学生在"科学知识"、"科学探究"和"科学态度"等方面的表现。这所学校的评价报告单仅报告了学生在学科水平上的成绩,而对学生在学科内部各方面的表现缺乏深入描述和分析。家长只有与教师进行个别沟通,才能知晓子女在学科内部各方面的表现。

此外,这份评价报告单针对的是小学生,如果针对初中生或高中生,学校和教师有时候有必要提供学生相对评价的信息。假如教师认为给学生排队不好,不能提供学生在班级和年级的排名信息,但可考虑提供年级平均分、最高分、最低分、各分数段学生的分布等参考信息。

设计评价报告单的5点建议

评价报告单究竟该包括哪些内容?该怎样设计?针对案例分析中发现的各种问题,我们建议教师在评价报告单设计中应力求做到以下5点。

第一,明确报告单的受众,根据受众的需求分析并改进报告单。评价报告单的受众主要是学生和家长。本着"以人为本"的基本原则,教师在着手设计报告单前要通过正式或非正式调查,了解学生及家长对评价报告单的期待。不同学段,甚至不同学校,家长的期待会有所不同。比如,低年级小学生家长希望评价报告单多给孩子鼓励,让孩子体验学习的成就感,从而发展学习兴趣和树立学习自信,所以学业成绩报告不用很细,只要综合评语有亲和力,能激励孩子就好。但随着年级的升高,学业压力开始逐渐增加,到初高中阶段,家长希望评价报告单在学业成绩方面要描述得细致一点,深入一点,学生在主要学科上的优势与不足是什么?学生在班级和年级的相对位置怎么样?家长都希望有所了解,所以评价报告单的篇幅可能要大一些,以提供更丰富的信息。

第二,评价报告单的设计要充分体现其诊断性,要使阅读者能比较深入地了解学生在学习与发展中的优势与不足。特别是对于较高年级学生来说,更是如此。传统的评价报告单仅报告学生在各个学科上的百分制分数或等级,用一个分数或等级代表了学生的学习,评价的诊断价值难以发挥。要充分发挥评价的诊断性,教师在报告单中应提供更多的关键信息——当然,增加报告单的信息量并不意味着报告单可以无限加长,一个冗长的报告单,反而可能使重要信息淹没其中,也不能发挥诊断价值。教师可以选择学生、家长等利益相关者共同关心的某个领域，比如，针对语文学习，在报告单中进行重点分析。表 7-7 为我们指导某校 6 年级教师对学生语文学习进行的深入分析，可以作为报告单的一个部分。在报告单中有这样的表中表，家长就可以更深入地分析学生学习，并提供更有针对性的后续指导与支持。

表 7-7　语文学习表现评价表

本学期，在语文学习上我们重点关注了学生在以下 7 个方面的表现，每个方面采用 4 等级评定。每个数字的意义如下。
4——优，杰出的表现水平
3——良，较好的表现水平
2——中，达成基本要求，表现中等
1——差，尚未达成基本要求，需要更多练习

4	3	2	1	(a)	会认会写本学期的生字词
4	3	2	1	(b)	用硬笔书写楷书，美观大方
4	3	2	1	(c)	背诵、默写古诗文
4	3	2	1	(d)	正确、流利、有感情地朗读课文
4	3	2	1	(e)	快速阅读，理解课文，整体感知
4	3	2	1	(f)	写简单的记叙文和想象文
4	3	2	1	(g)	乐于参与讨论，敢于表达自己的意见

第三，评价报告单要将终结性评价与形成性评价结合起来。评价报告单一般在学期末提供给学生和家长，主要是终结性的，但它不能完全排除形成性评价的信息。因为，无论是学业表现，抑或是情意表现，教师对学生的评价都依赖于平时成绩和表现，而且，家长也希望知道学生的平时表现。所以，在评价报告单中，教师也可以选择学生、家长等利益相关者共同关心的某些形成性评价信息予以呈现。比如，对高中生来说，期末评价报告单可以只报告学生在主要学科上的期末考试成绩，但如果同时报告了学生在各次月考中的成绩，家长就可以结合学生的平时学习情况，分析学生在一学期取得的进步以及需要重点支持的领域，从而更好地规划后续学习。又如，对正处于青春期的初二学生来说，期末评价报告单如果对学生一学期以来的平时表现进

行深度分析（参见表 7-8），学生和家长都可以从中发现很多有价值的信息，为学习改进提供有力的依据。

表 7-8　初中二年级学生平时表现评价表

阶段 项目	第 1—4 周			第 5—8 周			第 9—12 周			第 13—16 周		
	低于平均水平	一般	高于平均水平	低于平均水平	一般	高于平均水平	低于平均水平	一般	高于平均水平	低于平均水平	一般	高于平均水平
上课专心听讲												
做好听课笔记												
认真完成作业												
主动找老师答疑												
自主预习或复习												
与同学友好相处												
遵守学校规章制度												

第四，重视综合评语写作，加强评语的亲和力与发展性。评语是教师与学生及家长重要的沟通方式，所以学生和家长都十分看重评价报告单中的教师评语。教师要在评语写作中多花些时间与精力。前文已经专门针对评语写作进行过讨论，这里仅就语言表述问题再提供几点补充建议：（1）语言要通俗易懂。有些教师用了很大心思，把评语写得文绉绉的，结果家长读起来却比较费劲。评语就好像是教师在与学生、家长对话，所以应使用对话的语言，有亲和力，切勿使用专业术语、文学语言或迂腐的套话。（2）表达要有亲和力。评语的重要目的在于沟通，所以教师在评语写作中要表现出亲和力，愿意承担学生教育责任，与学生、家长共同面对各种问题。如果学生有亟待改进的问题，教师要用委婉的、学生和家长能接受的语气表述，比如学生学习差，可以说"他可以学得更好"；又如学生骂人，可以说"他有时使用不当的

言辞"。(3)评语要用第三人称,而不是第二人称。早期评语都是用第三人称写作,用类似"某同学"、"某某"、"该生"等称呼。后来有人提出改用第二人称,认为这样让学生感觉更亲切。需要注意的是,评语不是教师写给学生的私人信件,评语和评价报告单的受众除了学生,还有家长、现任各科教师、新任教师、年级组长、校长,有时候高一级学校的教师在招生及了解学生的过程中也会读这些评语,所以评语用第三人称写作会更好。

第五,注重整份评价报告单的排版设计,必要时使用图表,增加可读性与易读性。报告单内容丰富,评语写得感人至深,但如果整份报告单的版面设计不好,那它也不是好的报告单。现在,随着科技的发展和生活节奏的加快,我们已由文字时代进入读图时代,很多人不愿意花很多时间读大量的文字信息,而更希望通过图表获取信息。报告单的设计要适应这种时代转变,必要时使用图表。当然,图表的使用也要有度,如果报告单中列满让人眼花缭乱、头晕目眩的图表,一样难以达成沟通的目的。报告单的版面设计要简约,要具有易读性。必要时,学校和教师可以考虑咨询数据分析、美工设计等领域专业人员的意见。如果学校能借助技术人员的帮助,将评价报告单电子化,发送到每个学生家长的智能手机上,这样阅读起来也许会更便捷。

家长会

在期中和期末召开家长会，在会上利用一定的时间向家长报告学生评价结果，这在很多学校已成为惯例。相对于评价报告单这种书面交流方式而言，家长会使教师和家长有机会面对面双向交流，家长可以从教师那里了解孩子在校学习、交友情况，以及参加社团和文体活动的表现，而教师也可以从家长那里了解学生在校外的生活状况和学习活动；教师和家长还可以基于阶段性评价结果相互咨询与讨论，为孩子制订提高学习成绩和促进全面发展的个别性计划。

值得注意的是，随着家长受教育程度的提高，他们对优质教育的需求也越来越强烈，这对教师无疑构成一个巨大的挑战。特别对于年轻教师来说，在家长会上跟年长于自己的众多家长沟通，要比书面交流困难得多。一句话说不好，或者一个细节没有安排好，就可能使家长会事倍而功半。为帮助教师更好地在家长会上报告评价结果和讨论学生未来发展，增进教师与家长间的沟通，我们提出如下建议。

让家长感觉受尊重

在家长会中，教师通常处于主导地位，但主导不等于主宰，如果教师在家长会上不尊重家长，在家长面前指手画脚，甚至因学生表现欠佳而直接批评家长，家校沟通和共育将难以为继。教师不仅要在心中理解和尊重家长，而且要通过一些细节安排让家长感觉受尊重。比如，学校召开家长会，通知书的不同写法会给家长带来不同的感受。以下是某校为召开家长会而发放的通知书。

家长，你好！

我校定于某年某月某日下午2:30召开家长会，通报学生期中考试情况，开会地点在各班教室，请准时出席。

因学校内无法提供机动车存放场地，请你选择合适的交通工具出行。请你将自行车有序存放在校门外两侧便道处，校门口一律不能停放各种车辆。谢谢你的支持！

××学校
×年×月×日

再看看另外一所学校发放的家长会通知书。

尊敬的家长朋友：

您好！期中考试已经结束了，为了让您充分了解孩子在学校的学习和生活情况，共商孩子教育事宜，我校决定于某年某月某日晚上7:30召开7年级学生的家长会，诚邀您莅临指导。请您提前安排好工作，调整好时间，准时参加。您的到来就是对孩子极大的鼓励，对班级莫大的支持。

温馨提示：

1. 请您参加家长会时带好纸、笔，以便记录孩子的情况和填写调查问卷。

2. 先到四楼多媒体室集中开会，然后再移步到各班教室（届时将有班主任带领）。

3. 参会人员较多，为减轻交通压力，建议您采用简便、快捷的交通工具。自行车、摩托车请按工作人员指引统一停放，汽车停放在校外辅路一侧。

4. 开会期间请您记得关掉手机或者将其调成振动状态，自觉遵守会场秩序。

祝您合家幸福，万事如意！

××学校
×年×月×日

将两份家长会通知书相比较，很容易发现第一封通知书有点"公事公办"的感觉，而第二封则明显不同，教师"放下了身段"，与家长平等的沟通。拿到第二封通知书的家长会更愿意理解教师，也会用实际行动配合与支持教师。只有教师尊重家长，且体现在各种细节安排中，比如安排座位舒适的会议室，为家长准备茶水等，家长会上关于学生发展的沟通才能顺畅和高效。

尊重学生及家长的隐私

分数是学生的隐私，现在越来越多的人已经意识到这一点，但还是有不少教师在家长会上不经意泄露学生的分数。可能侵犯学生隐私权的做法有：（1）在教师办公室张贴学生成绩；（2）公开表扬总分或各学科得分前十名的同学；（3）表彰名次进步大的同学（这在初高中比较常见）；（4）展示优秀生的试卷；（5）让成绩优秀的家长介绍家庭教育经验；（6）留个别学生、成绩差的学生的家长进行个别谈话；（7）在其他家长面前批评个别学习差的学生及家长。

除分数隐私之外，教师在与家长分析学生表现和规划后续发展时也可能会涉及其他方面的隐私，比如学生是否有男女朋友、学生家庭的社会经济地位、父母是否离异等。隐私权是自然人享有的私人生活安宁与私人信息秘密依法受到保护，不被他人侵扰、知悉、收集、利用和公开的一种人格权。尽管我国目前在立法和司法解释上尚未对隐私权有明确的规定，但教师还是要在最大限度上保护学生的隐私。教师要保持足够的敏感性，预防在家长会这种公开场合侵犯学生及家长的隐私。

用成长记录袋展示学生的努力和进步

成长记录袋记录成长，促进成长。成长记录袋中收集了学生的很多作品、资料和相关证据，可以表明学生在一段时期内的努力、进步、优势与不足。教师在家长会上可向家长展示学生的成长记录袋，或者从成长记录袋中抽取出部分资料予以展示。如果学生没有正式意义上的成长记录袋，也可以让学生整理部分作品（如作文、研究报告、课堂笔记或科技制作）和资料（如体育达标记录、作业评分表）在家长会上展示。有了这些资料，家长对学生在校表现的认识就不再局限于评价报告单和教师介绍，家长对子女表现有了直观的认识，而且可以基于这些资料形成自己的判断和分析，为更好地教育子女奠定良好的基础。

不推卸教育责任

在家长会上，教师向家长报告学生学习与发展的情况，不可避免地会与家长谈及学生存在的问题。在指出学生不足之前，教师最好先介绍学生的努力、优点和进步，然后委婉地向家长指出问题。对问题的分析要具体，要有实例支撑，所以教师在开会之前可以从学生成长记录袋中找出一些证据，让家长对问题有直观、清晰的了解。更重要的是，教师要勇于承担教育责任，要对学生发展怀有积极的期待，鼓励家长共同制订和实施改进计划。如果教师推卸责任，将责任归咎于他人，会让家长感觉不可信任，导致家校之间出现隔阂甚至对立。

教师在家长会上讨论学生不足及相关问题时要力争做到以下几点。

首先，少用"你们"或"你"。试想，如果教师对某个家长说，"你们孩子最大的毛病就是上课不听讲，总是在课上捣乱"，那么家长听了多半会不高兴，因为学生在课堂上、在教室里，教师管不了，那家长又能做些什么呢？可如果教师这么说，"他没有发挥出他的潜力，要是他上课能专心听讲，别做与学习无关的事，他可以学得很好。咱们想想办法？"家长听了，会更愿意与教师一起深入讨论学生的不足，并想办法予以改进。因此，教师在家长会上要避免说，"你们家孩子学习挺好的，就是有时候爱耍小聪明"，"大家都按时到校排练队列操，就你家张妍经常迟到"，"你必须管管你们李欣欣，她已经一个礼拜没交作业了"等类似的话，多用"咱们孩子"、"我们孩子"，或者直呼学生名字会更好。

其次，体谅家长，而不是指责家长。每一个家长都珍爱自己的子女，都"望子成龙"，"望女成凤"，也都在子女教育上投入了不少精力，即便真的投入不多，也很可能是确有难处。因此，在与家长讨论学生的不足和规划未来发展时，教师要体谅家长，而不是将责任推卸给家长，更不是批评和指责家长。比如，当教师希望家长多关心子女教育时，教师不要对全体家长这样说，

"你们这些做家长的,不能只知道赚钱,一定要多在孩子教育上投入时间"。多数家长听了这话会感觉不舒服,也不服气。如果教师换种说法,"各位家长,我知道大家都很忙,有很多工作要做,但孩子们的童年很快就会过去,咱们多点陪伴,多点支持,会让孩子们的童年更美好,有更多难忘的回忆。让我们一起来努力!"家长听了会深切意识到家长投入的重要性,会主动思考如何更多更好地陪伴子女成长。当然,对于那些没有孩子或者孩子尚未成长到自己所教学生年纪的教师来说,体谅家长,站在家长的位置去思考家庭教育确实勉为其难,但只要教师主动与家长深入交流,倾听家长的声音,就可以在一定程度上丰富自己的人生体验,能更好地理解家长,给他们以必要而有力的支持。

最后,对学生发展抱有高期望,不放弃任何一个孩子。学生是发展中的人,他们在学习与发展中出现这样或那样的问题,需要教师与家长共同努力解决。如果教师在家长会上流露出对学生的无奈和放弃,"这样的孩子我管不了,你们家长自己想办法","再这样下去,这些孩子只能去读职业高中","'一块臭肉搅得满锅腥',这孩子赶快转学到别的地方去吧",这表明教师在推卸责任,而且在内心放弃了某个或某些学生。心理学研究早已表明,教师和家长对学生是否抱有高期望,会在很大程度上影响学生的自我概念和抱负水平,是影响学生发展的关键因素。因此,教师要从积极的视角看待学生的发展,用充满温暖和激励的话语讨论学生的不足,在家长会上向家长传递正能量,让大家对学生未来发展有信心,并且用实际行动改变学校教育和家庭教育,为孩子成长营造有利的环境。

加强双向沟通

一般来说,家长会的程序是,先在一个大会议室召开全年级家长会,将全年级学生整体表现和需要统一交代的事情说一说;接下来,家长回到各自子女所在教室,分班级由各主要学科教师轮流登场报告学科学习进展,并对下一步学习提出建议;最后由班主任对班级情况进行整体总结和分析。正式会议一结束,基本上已经到了教师下班时间,个别家长可以留下来与教师单独交流。在这样的家长会中,沟通基本是单向的,主要是学校和教师向家长报告、解释、分析和建议,而家长的主要活动就是听讲和做笔记。

为什么不让家长就学生表现发表评论或提出建议呢?这样家长会不就由单向沟通转变成双向交流了吗?教师给出的理由有很多,主要有:(1)家长不懂教育,或者只是站在自家孩子的角度讨论教育,所以如果让他发言,他就可能"胡说",场面不好控制;(2)家长提的问题通常是个性化的,一个家长提问或发言,占用其他家长和教师的时间,效率不高;(3)家长会通常时间有限,教师有很多重要的话要讲,家长参与的话时间不够用。

稍加分析,不难发现这些理由都是站在学校和教师的立场上来思考的。可是,要在教师与家长之间建立良好的沟通机制,让家长积极参与和支持子女教育,学校必须尝试站在家长的角度分析和改进家长会。家长的诉求很简单,就是希望通过家长会了解子女的在校表现,对子女表现进行深入分析,寻找合适的改进措施,让子女能全面发展和快乐发展。要满足这一诉求,仅有单向交流是不够的,需要加强家长会上的双向沟通。

具体改进建议包括:(1)预留足够的互动时间。很多学校将家长会安排在下午放学前,会议一结束家长要接孩子,教师也要下班回家,所以大家没有心思也没有办法深入交流。所以学校在会议设计时要预留足够的互动时间,让家长与教师有可能深入交流。(2)提高会议效率。有些宣讲的内容可以采用书面形式告知家长,只要家长填写阅读回执即可,不需要占用会议时间。(3)提高教师主持会议、把控会场的能力。与课堂管理不同,家长会上教师面对的都是成年人,都是对子女发展怀有期待的家长,所以如何让大家畅所欲言但又控制好时间,不偏离主题,教师需要学习和培训。教师要在家长会上展示良好的人际沟通技能。(4)将家长会现场沟通与非现场沟通结合。无论将家长会沟通时间延长多少,沟通的时间都是有限度的,所以教师可以考虑结合非现场沟通,比如,在家长会召开之前就某一问题通过电话或电子调查平台征求家长意见,或者在家长会后给家长提供进一步沟通的时间和渠道。

只有将家长会由单向沟通变成双向交流,才能更好地分析学生表现,深入分析影响学生学习与发展的因素,有效形成家校共育合力。

参考文献

[1] 教育部. 关于积极推进中小学评价与考试制度改革的通知（国发［2002］26号）［Z/EB/OL］. http://www.moe.edu.cn/publicfiles/business/htmlfiles/ moe/moe_32/201001/xxgk_78509.html，2002-12-18/2014-12-5.

[2] 教育部. 教育部关于基础教育课程改革实验区初中毕业考试与普通高中招生制度改革的指导意见（教基［2005］2号）［Z/EB/OL］. http://baike.baidu.com/link?url=ujkQjhEUyMJ-IVYs81DBPUoP5kXOJc_Espmriip420u2tPiBdsX4Tg5Az_yeL1QHG9ftfdd1rmnMf5C3RtlqMK，2005-1-12/2014-12-5.

[3] 教育部. 教育部关于普通高中学业水平考试的实施意见（教基二［2014］10号）［Z/EB/OL］. http://www.moe.edu.cn/publicfiles/business/htmlfiles/moe/s4559/201412/181664.html，2014-12-10/2015-1-15.

[4]［美］萨克斯. 教育和心理的测量与评价原理［M］. 王昌海等译. 南京：江苏教育出版社，2002.

[5] 端木. 中美教师对一个孩子的不同评价［J］. 英语学习，2014（6）：16—17.

[6]［美］迈而斯. 社会心理学［M］. 张智勇等译. 北京：人民邮电出版社，2006.

[7] 教育部. 山东省普通高中学生基础素养评价方案（试行）［Z/EB/OL］. http://www.lyjcjy.com/jcjy/ShowArticle.asp?ArticleID=82，2014-8-25/2015-1-15.

[8] Kohn, A. Punished by rewards: the trouble with gold stars, incentive plan, A's, praise, and other bribes［M］. New York: Houghton Mifflin, 1993:102.

[9] Kanouse.D.E., Gumpert, P., Canavan-Gumpert, D. The semantics of praise［C］. In J.H. Harvey, W. Ickes, & R. F. Kidd(Eds.), New directions in attribution research［M］. Hillsdale, NI: Erlbaum, 1981:98.

图书在版编目（CIP）数据

促进教学的测验与评价/赵德成著.—上海：华东师范大学出版社，2016.4
ISBN 978‐7‐5675‐5026‐1

Ⅰ.①促… Ⅱ.①赵… Ⅲ.①教育测验　②教学评议
Ⅳ.① G424.74　② G420

中国版本图书馆 CIP 数据核字（2016）第 069856 号

大夏书系·教师专业发展
促进教学的测验与评价

著　　者	赵德成
责任编辑	任红瑚
封面设计	淡晓库
出版发行	华东师范大学出版社
社　　址	上海市中山北路 3663 号　邮编　200062
网　　址	www.ecnupress.com.cn
电　　话	021‐60821666　行政传真　021‐62572105
客服电话	021‐62865537
邮购电话	021‐62869887　地址　上海市中山北路 3663 号华东师范大学校内先锋路口
网　　店	http://hdsdcbs.tmall.com
印　刷　者	北京密兴印刷有限公司
开　　本	700×1000　16 开
插　　页	1
印　　张	15
字　　数	210 千字
版　　次	2016 年 7 月第一版
印　　次	2023 年 2 月第十次
印　　数	30 101‐32 100
书　　号	ISBN 978‐7‐5675‐5026‐1/G·9331
定　　价	36.00元
出版人	王　焰

（如发现本版图书有印订质量问题，请寄回本社市场部调换或电话 021‐62865537 联系）